Nexos

Spaine Long / Carreira / Madrigal Velasco / Swanson

Cuaderno de práctica / Manual de laboratorio

Sylvia Madrigal Velasco / Kristin Swanson

HOUGHTON MIFFLIN COMPANY

Boston   New York

Publisher: Rolando Hernández
Sponsoring Editor: Van Strength
Development Manager: Sharla Zwirek
Senior Development Editor: Sandra Guadano
Editorial Assistant: Erin Kern
Project Editor: Amy Johnson
Manufacturing Manager: Florence Cadran
Senior Marketing Manager: Tina Crowley Desprez

Illustrations

Fian Arroyo: pages 18, 40, 82, 87, 102, 107 (bottom), 132, 196, 197, 248, 261, 262, 279

Carlos Castellanos: 10, 45, 63, 68, 78, 80, 107 (top), 114, 125, 141, 171, 178, 179, 205, 206, 232, 253, 257, 258, 264, 265, 270, 272

Photos

p. 26: El Greco, *St. Martin and the Beggar*, c. 1597-99. Oil on canvas, 76 1/4 x 40 1/2" (193.5 x 103 cm), National Gallery of Art, Washington, D.C.; p. 29: Botero, *Hombre montado a caballo*, Metropolitan Museum of Art.; p. 73: Gil Guzman; courtesy *Cambio 16*; p. 89: Archivo Fotográfico Indígena, San Cristóbal de las Casas, Chiapas, México; p. 118: Susana Raab/Aurora; p. 135: AFP/Corbis.

Realia

p. 54: Courtesy Empresa Telecomunicaciones de Bogota-007; p. 55: Courtesy ComuNET S.A.; p. 72: Arturo Juez; courtesy *Cambio 16*; p. 85: Condorito® and all characters, names and artwork and other elements associated thereto are the sole and exclusive property of World Editors, Inc.

Text credits

p. 34: Reprinted by permission of *Revista Quo*; p. 42: From *CD.WEB Magazine*, No. 2, October 1997; p. 89: Reprinted from *Américas*, a bimonthly magazine published by the General Secretary of the Organization of American States in English and Spanish. Used with permission; p. 103: Source: www.elretopanama.com; p. 135: Source: es.news.yahoo.com; pp. 152–153: *Dos Canciones de Amor Para El Otoño*, I and II by José Coronel Urtecho. Reprinted with permission; p. 181: Column from the *Miami Herald* by Padre Albert. Copyright © 2001 by *Miami Herald*. Reproduced with permission of *Miami Herald* via the Copyright Clearance Center; pp. 213–214: Source: www.viajeros.freeservers.com.

Printed in the U.S.A.

ISBN: 0-618-06799-X

3 4 5 6 7 8 9-MA-08 07 06 05

CONTENTS

Preface

The *Nexos Workbook / Lab Manual* is designed to provide extra out-of-class practice of the content and skills presented in the *Nexos Student Textbook*. It is divided into two parts: the *Workbook* (**Cuaderno de práctica**), which focuses on written vocabulary and grammar practice, reading, and writing; and the Laboratory Manual (**Manual de laboratorio**), which, used with the lab *Audio CD Program*, focuses on pronunciation and listening comprehension.

The *Workbook* contains the following sections:

▸ **¡Imagínate!** activities practice the lexical items presented in the *Student Textbook*'s vocabulary presentations. These exercises start off with simple practice of the new words and move into longer, sentence-length activities.

▸ **¡Prepárate!** activities are organized by the chapter grammar topics and offer a full cycle of practice for each structure presented in the *Student Textbook*. Like the **¡Imagínate!** activities, the **¡Prepárate!** activities move from more controlled through open-ended practice.

▸ The **A leer** reading sections recycle and reuse the reading strategies presented in the *Student Textbook*. Each *Workbook* **A leer** section is divided into prereading, reading, and postreading practice and takes the textbook chapter's reading strategy and applies it to a new reading. As in the main text, the reading sections guide students through tasks that do not require them to understand every word of the reading passages, and encourage them to focus on getting the main idea and understanding words from context, while applying the chapter's new reading strategy.

▸ The **A escribir** writing sections present and practice a process-based approach to writing that builds systematically across the chapters. The odd-numbered *Workbook* chapters provide extra practice of the *Student Textbook* writing sections, while the even-numbered *Workbook* chapters present a new writing strategy and related composition task. The strategies and tasks build sequentially across the chapters, moving from audience and topic selection, through writing a topic sentence, adding supporting detail, writing paragraphs, and creating transitions between paragraphs. Students progress through prewriting, writing, and revision activities in each writing section, and create a variety of written pieces, including e-mails, reviews, descriptions, letters, journal entries, and anecdotes.

The *Laboratory Manual* contains the following sections:

▸ **Pronunciación** sections present a thorough list of pronunciation topics, moving from contrastive consonant pairs, such as **n / ñ, l / y / ll**, and **r / rr**, through strong and weak vowels, diphthongs, and intonation. Students are guided to listen carefully to the sounds of words, letters and sentences, and then to pronounce them on their own, paying careful attention to areas that are often problematic for non-native speakers.

▸ **Comprensión** sections provide students with the opportunity to practice their listening comprehension skills. Activities move from shorter listening passages through longer conversations and narratives and include a variety of audio formats, such as conversations, telephone messages, monologues, speeches, advertisements, and radio programs. These passages recycle the chapter vocabulary and grammar in a comprehensive way, and the tasks that accompany them progress from simple responses to more complex answers across each chapter.

Cuaderno de práctica

CAPÍTULO 1

¿Cómo te llamas?

¡IMAGÍNATE!

ACTIVIDAD 1. Conversaciones lógicas. Put the following statements in the correct order to form logical conversations.

1. ____ — Ay, ¡qué horror!

____ — Buenos días, profesor Vargas. ¿Cómo está Ud.?

____ — Fatal. ¡Tengo seis clases hoy!

____ — Regular, gracias. ¿Y usted?

__1__ — Buenos días, profesora Gallego.

2. ____ —Bastante bien.

____ —Bien, gracias. ¿Y tú?

____ —Bueno, tengo clase. Tengo que irme.

__1__ —Raúl, quiero presentarte a mi amigo Tomás.

____ —¡Hasta luego!

____ —¡Hola, Tomás! ¿Qué tal?

3. ____ —Bueno, ¿puede decirle que lo llamó Cristina?

____ —Adiós.

____ —Hola, soy Cristina Laredo. ¿Puedo hablar con Santiago?

____ —Lo siento. No está.

____ —Sí, cómo no. Chau.

__1__ —¿Aló?

ACTIVIDAD 2. ¿Qué tal? What would you say to these people in the following situations? There may be more than one possible answer.

1. It's ten o'clock in the morning and you run into your dad's best friend at the grocery store.

   _____

2. You're leaving a party and you're saying good-bye to your friends.

   _____

3. You run into your elderly next door neighbor and you want to know how he's doing.

   _____

4. You're talking to a new classmate and you want to know where she lives.

   _____

5. You see someone that you haven't seen in a while in the library and you want to know what's new with him.

   _____

6. You're late for an appointment and you have to leave your study group.

   _____

ACTIVIDAD 3. Quiero presentarle a... You are the host at the first meeting of your mystery writers' group. You have to introduce several people to each other. Write out your introductions, making up the names of the people you are introducing.

1. You are talking to someone your own age in the group and you want to introduce him or her to an older person.

   _____

2. You are talking to an older person in the group and want to introduce him or her a high school student.

   _____

3. You want to introduce someone your own age to the high school student.

   _____

4. You want to introduce the whole group to an older person.

   _____

ACTIVIDAD 4. Situaciones. You find yourself in a couple of different situations at your college. Write out the conversation you would have in those scenarios.

1. You meet your Spanish professor for the first time. (You already know her name.) You each greet and respond to each other's greetings. She asks your name and you provide it.

   TÚ: _____

   INSTRUCTORA: _____

   TÚ: _____

   INSTRUCTORA: _____

   TÚ: _____

INSTRUCTORA: _____

TÚ: _____

2. You meet a Spanish-speaking student in one of your classes. (First decide what gender and age that person is.) This person interests you, so, after greeting, you ask for his or her name, phone number and e-mail address.

TÚ: _____

PERSONA: _____

TÚ: _____

PERSONA: _____

TÚ: _____

PERSONA: _____

TÚ: _____

PERSONA: _____

TÚ: _____

ACTIVIDAD 5. El cumpleaños.
Write down the names of three friends, when their birthdays are, and what their ages are. Follow the model.

Modelo: Marta: 13/4; 25 años
El cumpleaños de Marta es el 13 de abril. Ella tiene veinticinco años.

1. _____

   _____

2. _____

   _____

3. _____

   _____

ACTIVIDAD 6. El teléfono.
You're trying to reach your study partner and his or her roommate answers. Your study partner isn't home; you just want to let him or her know that you called. Write out the phone conversation.

COMPAÑERO(A): _____

TÚ: _____

COMPAÑERO(A): _____

TÚ: _____

COMPAÑERO(A): _____

TÚ: _____

COMPAÑERO(A): _____

TÚ: _____

COMPAÑERO(A): _____

Workbook/Chapter 1   5

¡PREPÁRATE!

For clarification or help with grammar concepts, contact a Smarthinking e-tutor at www.smarthinking.com.

Identifying people and objects: Nouns and articles

ACTIVIDAD 7. **¡Una clase terrible!** Complete the following paragraphs about Luisa and Sergio's day with the correct definite or indefinite article. Don't worry if you don't know all the words—just try to get the main idea of the passage and focus on the correct use of the articles.

Luisa: Hoy tengo clase de geografía. ¡Es (1)_____ clase fatal! ¡(2)_____ profesora no es muy interesante y no hay mapas en (3) _____ salón de clase! ¡Imagínate! ¡(4)_____ clase de geografía sin (*without*) mapas! Sí hay (5)_____ globo del mundo, pero no es muy moderno. Es (6)_____ clase terrible....

Sergio: ¡Ay, tengo que irme a clase! Es (7)_____ clase de cálculo. ¡Qué horror! No tengo (8)_____ tarea y (9)_____ profesor es muy estricto. Y (10)_____ día 12 tenemos (11)_____ examen muy importante. ¡Tengo que estudiar más!

ACTIVIDAD 8. Sustantivos difíciles. Some nouns are not immediately identifiable as masculine or feminine. First write the correct article in front of each word from the list. (If you're not sure, use the glossary in the back of your text to doublecheck.) Then add each word in the correct category in the chart on page 7.

_____ artistas	_____ dependientes	_____ manos
_____ borrador	_____ día	_____ mapas
_____ canción	_____ dilemas	_____ nacionalidad
_____ ciudades	_____ dirección	_____ problema
_____ clases	_____ estudiante	_____ síntomas
_____ coche	_____ guitarrista	_____ sistemas
_____ colección	_____ idioma	_____ tema
_____ dentistas	_____ lecciones	_____ universidades

Nouns referring to people	Nouns that don't end in -o or -a	Nouns that end in -o but take a feminine article	Nouns that end in -a but take a masculine article	Nouns that end in -dad	Nouns that end in -ción	Nouns that end in -ma

*Identifying and describing: Subject pronouns and the present indicative of the verb **ser***

ACTIVIDAD 9. ¿A quién se refiere? As you have learned, it's not always necessary to use subject pronouns in Spanish, as long as you can tell who is being referred to from the context. Match the following sentences with the correct subject pronoun, based on the context and form of the verb **ser** being used.

1. Son compañeros de cuarto. _____   a. nosotras

2. Eres estudiante, ¿no es cierto? _____   b. yo

3. Soy Cristina. _____   c. ellos

4. Somos muy buenas amigas. _____   d. nosotros

5. Es el nuevo estudiante de Ecuador. Se llama Carlos. _____   e. él

6. Es hija de la profesora Sánchez. _____   f. tú

7. Somos profesores de biología. _____   g. ella

ACTIVIDAD 10. Hablando por teléfono. Complete the following telephone conversation with the correct forms of the verb **ser.** Don't worry about the words you don't know. Simply focus on getting the main idea throughout.

— ¡Aló!

— ¡Hola!

— ¿Con quién hablo?

— (1) _____ Margarita Flores. ¿Está Roberto?

— No, no está. ¿Quisiera dejarle un mensaje?

— Sí. Roberto y yo (2) _____ miembros de un grupo de estudio y él (3) ____ la persona que tiene todos los apuntes.

— Hmmm... Tal vez (*Perhaps*) este Roberto no (4) _____ la persona que busca. ¡Él (5) _____ profesor, no estudiante!

— Ay, ¡no!

— Hay más personas en el grupo, ¿verdad? Tiene que llamarlas.

— Sí. Sara y Alberto (6) _____ buenos estudiantes. Ellos también tienen los apuntes. ¡Muchas gracias!

ACTIVIDAD 11. ¡Un dilema! Complete the following statements with the correct forms of the verb **ser.** Then, using the completed sentences as your clues, see if you can solve the logic puzzle to discover who is the mystery genius (**el genio misterioso**).

1. Tú _____ un(a) estudiante en la universidad.

2. Yo _____ una profesora de matemáticas.

3. El genio misterioso _____ estudiante.

4. Ana y Sergio _____ atletas.

5. Elián y yo _____ profesores en la universidad.

6. Natalia _____ la compañera de cuarto del genio misterioso.

7. Sergio _____ presidente de la universidad.

8. Tú y Ana _____ estudiantes.

9. El genio misterioso _____ atleta.

10. Tú no _____ atleta.

BONUS: ¿Quién es el genio misterioso? _____

ACTIVIDAD 12. Oraciones personales. Write complete Spanish sentences about the following people and things. Be sure to use the correct form of the verb **ser.**

Modelo: compañero(a) de cuarto
Mario Domínguez es mi compañero de cuarto. O:
Mi compañero de cuarto es estudiante.

1. mejor amigo(a)

   _____

2. profesor(a) de español

   _____

3. yo

   _____

4. mi compañero(a) de cuarto y yo

   _____

5. mis amigos

   _____

6. mi dirección electrónica

   _____

Expressing quantity: **Hay** + *nouns*

ACTIVIDAD 13. **¿Qué hay en el salón de clase?** Look at the drawing below. Write ten sentences saying how many of the following items are in the room and which are not there at all. Follow the models.

Modelos: un mapa
Hay dos mapas.
un lápiz
No hay lápices.
un elefante
Hay un elefante.

1. un libro

_____

2. una mesa

_____

3. una ventana

_____

4. un bolígrafo

_____

5. una silla

_____

6. un tigre

_____

7. una computadora

_____

8. una pizarra

_____

9. un escritorio

_____

10. una boa constrictor

_____

ACTIVIDAD 14. En mi salón de clase. Now say what is and what isn't found in your own classroom. Use **hay** or **no hay.**

1. _____
2. _____
3. _____
4. _____
5. _____
6. _____

Expressing possession, obligation and age: **Tener, tener que, tener + años**

ACTIVIDAD 15. Una situación complicada. Complete the following telephone conversation with the correct form of **tener**, according to the context.

— ¿Aló, Martín? Soy Pepa.

— Hola, ¿cómo te va?

— Bien, pero (1) _____ un problema. (2) ¿_____ la dirección electrónica de Adela?

— Sí, un minuto, aquí la (3) _____. Es abc123@duoclik.com.

— Muy bien. ¡Ella (4) _____ el teléfono de Cici y yo (5) _____ que llamarla (*to call her*) inmediatamente!

— ¿Ah, sí? Pero, ¿no (6) _____ tú la dirección electrónica de Cici?

— Sí, la (7) _____, pero, según Marcos, la computadora de Cici no funciona (*is broken*) y ella y su compañera de cuarto (8) _____ que usar el teléfono.

— ¡Qué pena! Oye, (9) ¡_____ que irme! Mi compañero y yo (10) _____ que ir a una fiesta. ¡Hasta pronto!

— Chau.

ACTIVIDAD 16. **¿Cuántos años tienen?** Look at the following calendar pages to give each person's correct age and birthday. Follow the model.

Modelo: la señora Montoya
La señora Montoya tiene […] años.
Es el dos de marzo.

| 2 |
| marzo |
| 1965 |

1. la señora Cisneros

_____

cumpleaños: _____

| 18 |
| abril |
| 1957 |

2. Jorge y Magda

_____

cumpleaños: _____

| 19 |
| noviembre |
| 1984 |

3. Octavia

_____

cumpleaños: _____

| 20 |
| febrero |
| 1979 |

4. tú

_____

cumpleaños: _____

| 4 |
| septiembre |
| 1957 |

5. el señor Novato y yo

_____

cumpleaños: _____

| 14 |
| mayo |
| 1940 |

6. Dieguito y Angelita

_____

cumpleaños: _____

| 11 |
| marzo |
| 1996 |

7. yo

_____

cumpleaños: _____

| 22 |
| diciembre |
| 1963 |

8. ustedes

_____

cumpleaños: _____

| 2 |
| agosto |
| 1980 |

ACTIVIDAD 17. Así soy yo. Write a paragraph about yourself, providing as much personal information as possible. Use the cues provided to help structure the content of your paragraph.

ser
- nombre
- identidad: **¿estudiante, mamá de..., papá de..., compañero(a) de cuarto de..., amigo(a) de... ?**
- teléfono
- dirección
- dirección electrónica
- cumpleaños

tener
- años
- número de clases
- computadora
- celular

_____

_____

_____

_____

_____

_____

_____

_____

_____

_____

_____

_____

_____

_____

A LEER

Estrategia: Identifying cognates to aid comprehension

Antes de leer

ACTIVIDAD 18. Los cognados. Review the reading strategy on page 30 of your textbook. Then look at the following reading and circle all the cognates you can identify.

Lectura

ACTIVIDAD 19. La idea principal. Now read the passage quickly, focusing on the cognates you circled to help you identify the article's main idea.

El Nacional

¡Matemático afirma la existencia de vida[1] extraterrestre!

El nuevo libro de un matemático de Massachusetts declara que hay una probabilidad matemática del 100% de que existe vida inteligente en el universo.

El profesor Amir D. Aczel está seguro de que su fórmula matemática prueba[2] que hay extraterrestres (seres[3] inteligentes no-humanos) en el universo.

Su libro, *Probability 1: Why There Must be Intelligent Life in the Universe*, describe el teorema matemático que usa para calcular esta probabilidad. Según el autor, el universo es infinito y por eso, la posibilidad de la existencia de vida extraterrestre tiene que ser 100%.

El profesor recibió su licenciatura en matemáticas y su maestría en ciencias de la Universidad de California en Berkeley. Es profesor asistente de estadísticas en Bentley College en Waltham, MA.

[1]**vida:** *life* [2]**prueba:** *proves* [3]**seres:** *beings*

Después de leer

ACTIVIDAD 20. ¿Cierto o falso? Decide whether the following statements about the reading are true or false. Correct any false statements to make them true.

_____ 1. El autor del libro es científico.

_____

_____

_____ 2. El título del libro en español es *Probabilidad 1: Por qué tiene que haber vida inteligente en el universo.*

_____

_____

_____ 3. El profesor Aczel tiene un teorema matemático.

_____

_____

_____ 4. Según el profesor Aczel, él tiene una prueba matemática de la existencia de vida extraterrestre en el universo.

_____

_____

_____ 5. El profesor Aczel es profesor de matemáticas en la Universidad de California en Berkeley.

_____

_____

A ESCRIBIR

Antes de escribir

Estrategia: Prewriting—Identifying your target audience

ACTIVIDAD 21. Estimado(a)... Review the writing strategy on page 32 of your textbook. Imagine that you are writing an e-mail that will be sent into outer space with the hope of receiving an answer from someone who lives in another world. Would you use **tú** or **usted**? Why? What would the tone of your letter be? Create a list of the information you will include in your e-mail and identify its tone.

_____

_____

_____

_____

_____

_____

Escritura

ACTIVIDAD 22. Un correo electrónico. Keeping in mind the ideas you generated in **Actividad 21,** write your e-mail. Try to write freely without worrying too much about mistakes and misspellings. Here are some additional transitional phrases that may be helpful as you write.

> Me llamo...
> (Ser)...
> (Tener)... años.
> Vivo en...
> ¿Cómo...?
> ¿Cuál es tu / su...?
> Hasta pronto.

_____

_____

_____

_____

_____

_____

_____

_____

_____

_____

Después de escribir

ACTIVIDAD 23. Otra vez. Now go back over your letter and revise it. Use the following checklist to guide you. Did you...

* look for misspellings?

* check to make sure that you used the correct forms of **ser** and **tener?**

* make sure that articles and nouns agree in number and gender?

* include the information suggested in **Actividad 22?**

* match the tone of your letter to your intended audience?

CAPÍTULO 2

¿Qué te gusta hacer?

¡IMAGÍNATE!

ACTIVIDAD 1. ¿Qué posibilidades hay? You are putting together a survey of your class's leisure-time activities. Sort the activities indicated into the categories provided.

Actividades: visitar a amigos, tocar el piano, levantar pesas, cantar, tomar el sol, hablar por teléfono, pintar, sacar fotos, navegar por Internet, patinar, tomar un refresco

Arte

_____

Música

_____

Deportes

_____

Computadoras

_____

Amigos

_____

_____

Descansar

_____

_____

ACTIVIDAD 2. Las personalidades. Based on their likes and dislikes, write a sentence describing each of the following students. In some cases, you can describe them in several ways.

Modelo: Amelia: Le gusta estudiar.
Amelia es inteligente / seria / trabajadora.

1. Eric: Le gusta levantar pesas.

   _____

2. Andrés: No le gusta estudiar.

   _____

3. Marta: Le gusta practicar deportes.

   _____

4. Miguel: Le gusta trabajar.

   _____

5. Lidia: No le gusta trabajar.

   _____

6. Olivia: Le gusta hablar por teléfono.

   _____

7. Rodrigo: No le gusta visitar a amigos.

   _____

8. Verónica: Le gusta conversar.

   _____

ACTIVIDAD 3. Una foto de familia. You are looking through an old family photo album. Describe one physical characteristic of each person in the photo.

Ramiro y Carmela   Pedro y Paula   Gilberto y Elena   Abuelo Zacarías y Sofía

Modelo: *Paula es alta.*

1. Pedro

_____

2. Elena

_____

3. Gilberto

_____

4. Abuelo Zacarías

_____

5. Sofía

_____

6. Carmela

_____

7. Ramiro

_____

Actividad 4. Los amigos. Pick three friends or acquaintances from other countries and write as complete a description as you can for each of them. Include their nationalities and some personality and physical characteristics. Also mention some activities that they like or dislike.

1. _____

_____

_____

_____

2. _____

_____

_____

_____

3. _____

_____

_____

_____

¡PREPÁRATE!

.SMARTHINKING.com

For clarification or help with grammar concepts, contact a Smarthinking e-tutor at www.smarthinking.com.

Describing what you do or are doing: The present indicative of -ar verbs

ACTIVIDAD 5. ¿Qué hacen? Choose from the list of verbs provided to write complete sentences telling what the following people do for a living.

Verbos posibles: trabajar, bailar, cantar, cocinar, patinar, tocar la guitarra, pintar, navegar por Internet, sacar fotos, estudiar, levantar pesas

1. los chefs profesionales

   _____

2. un artista

   _____

3. una fotógrafa

   _____

4. los entrenadores (*trainers*) personales

   _____

5. un músico

   _____

6. yo

   _____

7. mi mejor amigo(a) y yo

   _____

ACTIVIDAD 6. **¿Y tú?** Choosing items from both columns, create six sentences to say what you, your friends, and your acquaintances typically do over the weekend.

Columna 1	**Columna 2**
yo	descansar
mi mejor amigo(a)	trabajar
los estudiantes en la clase de español	estudiar
mi familia y yo	practicar deportes
mis padres (*parents*)	cenar en casa
el (la) profesor(a) de español	navegar por Internet
mi compañero(a) de cuarto	pintar
	mirar televisión
	caminar por el parque
	tomar el sol
	escuchar música

1. _____
   _____

2. _____
   _____

3. _____
   _____

4. _____
   _____

5. _____
   _____

6. _____
   _____

Saying what you and others like to do: **Gustar** + *infinitive*

ACTIVIDAD 7. ¿Qué les gusta hacer? Complete the following paragraph about the likes and dislikes of a group of students, using the correct indirect object pronoun (**me, te, le, les, nos**).

A nosotros los estudiantes (1)_____ gusta estudiar, claro, ¡pero no todos los días! Hay mucho que hacer aquí... A mi amiga Lorena (2)_____ gusta practicar deportes en el gimnasio. Ella es muy atlética. A mis compañeros de cuarto, Eduardo y Ricardo, (3)_____ gusta mirar televisión. ¡Son unos perezosos! ¿Y yo? Bueno, a mí (4)_____ gusta escuchar música y descansar después de las clases. A mi amigo Roberto (5)_____ gusta caminar por el parque. Y a ti, ¿qué (6)_____ gusta hacer?

ACTIVIDAD 8. ¿Les gusta? Use the cues provided to say whether or not the people indicated like to do the activity mentioned. Follow the model, using **le gusta** or **les gusta** as appropriate.

Modelo: unas personas tímidas / tocar la guitarra en público
                 No les gusta tocar la guitarra en público.

1. una persona perezosa / practicar deportes

   _____

2. una persona responsable / trabajar

   _____

3. unas personas creativas / pintar

   _____

4. unas personas egoístas / escuchar las opiniones de otras personas

   _____

5. una persona activa / patinar

   _____

6. unas personas tímidas / cantar en público

   _____

7. unas personas serias / estudiar

   _____

8. una persona activa / mirar televisión todo el día

   _____

Describing yourself and others: Adjective agreement

ACTIVIDAD 9. ¿De dónde eres? Say what nationality the following people are. Follow the model.

Modelo: Javier / España
              Javier es español.

1. Rosemary / Inglaterra

_____

2. José Antonio y María Elena / la República Dominicana

_____

3. Marie y Claude / Francia

_____

4. Olivia y Roberto / Argentina

_____

5. Dieter / Alemania

_____

6. Sophia / Italia

_____

7. Gloria y Ana / Guatemala

_____

8. tú / ¿...?

_____

ACTIVIDAD 10. Mis compañeros de cuarto. Complete the following paragraph with the correct form of
the adjectives in parentheses.

¡Tengo cuatro compañeros de cuarto! Vivo en un apartamento muy grande y somos cinco en total. Pero

todos somos muy diferentes el uno del otro. Por ejemplo, yo me llamo Tomás. Soy (1) _____

(bajo), (2) _____ (delgado), y, para decir la verdad, ¡un poco (3) _____ (feo)! Al

contrario, mis amigos José Luis y Santiago son un poco (4) _____ (gordo) pero muy

(5) _____ (alto) y (6) _____ (guapo). Yo tengo el pelo (7) _____

(rubio) y ellos tienen el pelo (8) _____ (negro). Teresa, otra compañera de cuarto, es

(9) _____ (pelirrojo). También ella es muy (10) _____ (lindo) y

(11) _____ (pequeño). Y, al final, la otra compañera de cuarto, Josefina, es muy

(12) _____ (extrovertido) y muy, muy (13) _____ (simpático). Además, Teresa y

Josefina son muy (14) _____ (trabajador), lo que es bueno, ¡porque los muchachos somos un

poco (15) _____ (perezoso)!

ACTIVIDAD 11. ¿Cómo son? Complete the chart with the adjectives that are the opposites of the ones shown. Then use the adjectives in the chart to write statements about yourself and the people indicated.

cómico	sincero	tímido	impulsivo
responsable	paciente	activo	serio

Modelo:

Yo soy tímido.
Mi mejor amiga es extrovertida.

1. mi mejor amigo(a)

   _____

   _____

   _____

2. mi compañero(a) de cuarto

   _____

   _____

   _____

3. mis profesores

   _____

   _____

   _____

A LEER

Estrategia: Using a bilingual dictionary to aid comprehension

Antes de leer

ACTIVIDAD 12. Palabras claves (*Key words*). You are going to read part of a monthly newspaper column devoted to analyzing the work of famous Spanish-speaking artists throughout history. Before you attempt to read the review, quickly look at it and circle or underline the words you don't know. Look at those words. Do some seem to be cognates? Eliminating the words you can guess from cognates, write down the key words that you cannot figure out any other way.

_____

_____

ACTIVIDAD 13. ¿Qué significan? Focus on your list of key words. Assume that you settle on the following five words as necessary for understanding of the review: **griego, cuadros, mendigo, caballo, ropa**. Go back to the passage and look at how these words are used. Based on the painting the review describes, can you figure out what the following words might mean?

1. **cuadros:** "sus cuadros más famosos"—What might you refer to as famous when talking about an artist?

_____

2. **ropa / caballo:** "su ropa es elegante; su caballo es muy lindo"—What two things shown in the painting might be described as elegant and pretty? A good guess would be St. Martin's horse and clothing. How do you know which is which? Look at the phrase "representado en su caballo". Although St. Martín is shown in his clothing, it's more likely that the writer refers to the fact that he is depicted on his horse. So, you can deduce that **ropa** means *clothing* and **caballo** means *horse*.

3. Now you are left with the words **griego** and **mendigo**. It's hard to guess these from looking at the picture or the context of the piece, so look them up in your dictionary. What do they mean?

griego:

_____

mendigo:

_____

4. It may seem time-consuming to approach unknown vocabulary this way, but once you get used to it, you'll find it's much faster than looking up every single word in a dictionary. Save the dictionary as a last resort!

ACTIVIDAD 14. La pintura de El Greco. Now read the article quickly, using what you have learned about understanding unknown words to help you get the main idea.

Observaciones sobre el arte

Comentario y crítica por Gabriela Beltrán

Este mes examinamos la pintura de El Greco, famoso pintor español del siglo XVI. Aunque en realidad este artista es de origen griego, se le identifica más con España, en particular con la región cerca de Toledo, que es la escena de unos de sus cuadros más famosos.

En el cuadro *San Martín y el mendigo* notamos las figuras alargadas que son tan típicas de la pintura de El Greco. San Martín, representado a caballo, es alto, muy delgado y tiene el pelo corto. Su ropa es elegante y su caballo muy lindo. El mendigo, por su parte, también es alto y muy delgado, con pelo negro y corto. Los dos son jóvenes y guapos, pero con expresiones serias y simpáticas. Expresan una dignidad en su apariencia que es también muy típica de las pinturas de este artista.

El cuadro *San Martín y el mendigo* de El Greco

Después de leer

ACTIVIDAD 15. ¿Comprendes? See if you can answer briefly in Spanish the following questions about the article and the painting by El Greco.

1. ¿De qué nacionalidad es El Greco?

_____

2. ¿De dónde son las escenas de muchas de sus pinturas?

_____

3. ¿Cuál es una característica típica de los cuadros de El Greco?

_____

4. ¿Cómo es San Martín?

_____

_____

5. ¿Cómo son la ropa y el caballo de San Martín?

_____

6. ¿Cómo es el mendigo?

_____

_____

ACTIVIDAD 16. Mi opinión. Do you like this painting? Use some of the adjectives you learned in this chapter to describe it briefly.

Modelo: —¿Te gusta este cuadro?
                        —*Sí...   Es...* O:
                        —*No... Es...*

_____

_____

A ESCRIBIR

Antes de escribir

ACTIVIDAD 17. Yo soy el (la) crítico(a). You are going to write a critique of a sculpture (p. 29) by Fernando Botero, a famous Colombian painter and sculptor. Look at the sculpture, then look at the review you read in the **Lectura** section (p. 26). Write down some useful words and phrases from the article that you might want to use in your own review.

_____

_____

_____

_____

Estrategia: Prewriting—Using a bilingual dictionary

Before you begin writing your review, you need to create a list of words that describe the sculpture. Since no textbook can provide you with all the words you may want, no matter how complete its vocabulary lists, eventually you will want to use a Spanish-English dictionary to supplement the words you already know. Here's how to use the dictionary most effectively.

1. Decide on the English word you want to translate: for example, _lively._ _____

2. Think of several English synonyms for that word: _vivacious, energetic._ _____

3. Look up the first word in the English-Spanish part of the dictionary and write down all the Spanish equivalents given. Note that semicolons are used to separate groups of words that are similar in meaning.

   Example: _lively:_ **vivo, vivaz, vivaracho; rápido, apresurado; gallardo, galán, airoso; vigoroso, brioso, enérgico; animado, bullicioso; eficaz, intensivo**

   _____

   _____

4. Take a Spanish equivalent from each group and look it up in the Spanish part of the dictionary. What is given as its English equivalent? As you look up each word, you'll see that often the different Spanish words express very different ideas in English.

   Example: **Rápido** and **apresurado** are words that apply more to actions, since they are translated as _rapid, quick, swift_ and _brief, hasty._

   _____

   _____

5. Now look up the English synonyms you listed in step #2 and see what Spanish equivalents are given. Are any of them the same as those that turned up for the first word?

Example: *vivacious:* **vivaz, animado, vivaracho**
            energetic: **enérgico, activo, vigoroso**

_____

_____

6. Focus on the words that came up more than once: vivaz, vivaracho, animado, enérgico. If you need to, look these words up a final time. Which best expresses the shade of meaning you want to use?

_____

ACTIVIDAD 18. ¿Cómo se dice...? Look again at the Botero sculpture. What words might you need to give your reaction to it? Here are some to get you started, but look up any new words you might require in a bilingual dictionary. **¡Ojo!** Remember to cross-check the words you choose in order to get the one that best fits what you are trying to say.

La escultura *Hombre montado a caballo* de Fernando Botero

escultura	*sculpture*
estatua	*statue*
montado a caballo	*on horseback*
sombrero	*hat*

_____

_____

_____

_____

_____

Escritura

ACTIVIDAD 19. Una reseña *(review)*. Use the review in the **Lectura** section as a model and write your review of the Botero sculpture. Try to write freely without worrying too much about mistakes and misspellings. Write at least three complete sentences.

_____

_____

_____

_____

_____

_____

_____

_____

_____

_____

_____

Después de escribir

ACTIVIDAD 20. Otra vez. Now go back over your review and revise it. Use the following checklist to guide you. Did you...

- look for misspellings?

- check to make sure that the adjectives and nouns agree in gender and number?

- make sure that the verbs agree with their subjects?

- include all the necessary information?

CAPÍTULO 3

¿Cómo aprendemos?

¡IMAGÍNATE!

ACTIVIDAD 1. ¿Qué deben estudiar? Based on their interests, say what course each of the following people should take.

arte	biología	educación	español
francés	historia	literatura	química

Modelo: Marco: Me gusta viajar a Francia.
francés

1. Tomás: Me gusta mirar pinturas y buscar información sobre los artistas.

_____

2. Luisa: El estudio de los animales y las plantas es muy interesante.

_____

3. Penélope: Hablo inglés, alemán y español. Me gustan las lenguas.

_____

4. Alberto: Me gusta estudiar los eventos importantes del pasado.

_____

5. Marilena: Me gusta trabajar con los niños y compartir información.

_____

6. Sergio: Leer novelas y poesía es muy interesante.

_____

ACTIVIDAD 2. ¿Dónde? For each activity provided, write the corresponding location in the university.

la cafetería	el centro de computación	el centro de comunicaciones
el estudio	el gimnasio	la librería
el salón de clase	la residencia estudiantil	la biblioteca

1. comer y beber: _____

2. imprimir una tarea: _____

3. estudiar y leer: _____

4. levantar pesas: _____

5. comprar y vender libros: _____

6. pintar y estudiar arte: _____

7. transmitir programas de radio: _____

ACTIVIDAD 3. Va a... Look at Diana's agenda for the week. Write out in complete sentences what she is going to do on each day, at what time, and where. Follow the example given in the model.

lunes	martes	miércoles	jueves	viernes	sábado	domingo
10:00 estudiar con Marcos, biblioteca	13:30 tomar examen de informática, centro de computación	18:45 clase de guitarra, estudio de música	11:15 practicar alemán, centro de comunicaciones	7:20 levantar pesas, gimnasio	16:30 navegar por Internet, centro de computación	13:00 descansar, residencia estudiantil

Modelo: lunes / 10:00 / estudiar con Marcos, biblioteca
El lunes a las diez de la mañana, Diana va a estudiar con Marcos en la biblioteca.

1. _____

   _____

2. _____

   _____

3. _____

   _____

4. _____

   _____

5. _____

   _____

6. _____

   _____

ACTIVIDAD 4. ¿Dónde está Anabel? You found Anabel's class schedule on her desk. You need to know where she is at different times. If she's at a certain place, what time must it be? Follow the example given in the model.

lunes	martes	miércoles	jueves	viernes
9:15 geografía 14:45 ciencias políticas	10:30 inglés 15:00 literatura	12:00 química 16:35 música	10:30 inglés	12:00 química 14:45 ciencias políticas

Modelo: Está en la clase de geografía.
                 Son las nueve y cuarto de la mañana.

1. Está en la clase de química.

   _____

2. Está en la clase de ciencias políticas.

   _____

3. Está en la clase de inglés.

   _____

4. Está en la clase de música.

   _____

5. Está en la clase de literatura.

   _____

ACTIVIDAD 5. Mis clases. Describe your class schedule in complete sentences. Say what classes you have each day of the week.

Modelo: *Los lunes tengo física, filosofía y cálculo.*

1. _____
2. _____
3. _____
4. _____
5. _____

ACTIVIDAD 6. ¿Qué día es hoy? Write out two conversations with different classmates about today's and tomorrow's schedules. Include what you might have planned for both days.

Modelo: —¿Qué día es hoy?
—Es lunes.
—Los lunes tengo clase de filosofía a las tres de la tarde.
—¿Ah, sí? ¿Y mañana?
—Mañana tengo clase de arte.

1. _____

_____

_____

_____

2. _____

_____

_____

_____

_____

ACTIVIDAD 7. ¡Bonus! See if you can solve the following logic puzzle about the days of the week from *Quo*, a general-interest magazine from Spain.

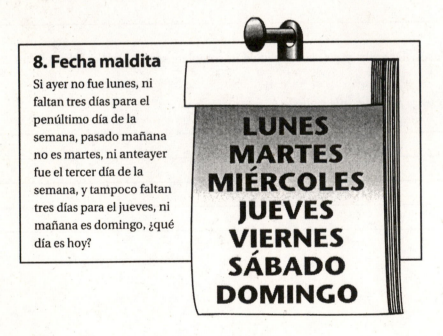

8. Fecha maldita

Si ayer no fue lunes, ni faltan tres días para el penúltimo día de la semana, pasado mañana no es martes, ni anteayer fue el tercer día de la semana, y tampoco faltan tres días para el jueves, ni mañana es domingo, ¿qué día es hoy?

LUNES
MARTES
MIÉRCOLES
JUEVES
VIERNES
SÁBADO
DOMINGO

Si ayer no fue: *If yesterday wasn't*   **ni faltan:** *neither are lacking*   **pasado mañana:** *the day after tomorrow*   **ni anteayer fue...:** *the day before yesterday wasn't either*   **tercer:** *third*   **tampoco:** *neither*

Respuesta: _____

¡PREPÁRATE!

.SMARTHINKING™

For clarification or help with grammar concepts, contact a Smarthinking e-tutor at www.smarthinking.com.

Asking questions: Interrogative words

ACTIVIDAD 8. Una estudiante nueva. You've just met the new foreign exchange student from the Dominican Republic. Add the correct interrogative words to the following conversation.

TÚ: ¡Hola! ¿(1)_____ te llamas? Yo soy...

BEATRIZ: Hola, soy Beatriz. ¿(2) _____ estás?

TÚ: Muy bien. ¿De (3) _____ eres?

BEATRIZ: Soy de Santo Domingo en la República Dominicana. Y tú, ¿de (4) _____ estado eres?

TÚ: Soy de... Bueno, ¿(5) _____ tiempo vas a pasar aquí?

BEATRIZ: Seis meses. Hay muchas clases aquí en la universidad... ¿(6) _____ es un curso bueno para aprender el inglés?

TÚ: A ver en el catálogo... Aquí hay uno, "Inglés para estudiantes extranjeros."

BEATRIZ: ¿(7) _____ es el profesor?

TÚ: Es la profesora Velarde. Ella es muy buena... Oye, ya son las tres.
             ¿(8)_____ no tomamos un café antes de la próxima clase?

BEATRIZ: ¡Buena idea! Vamos.

ACTIVIDAD 9. Un mensaje misterioso. You received the following note from a friend, but unfortunately you spilled coffee all over it and now some of the words are blurred and illegible. First look at the note and then write the questions that you need to ask your friend in order to get all of the information. Follow the model.

¡Hola!

Oye, tenemos que estudiar el ~~~~~~ porque el examen es ~~~~~~. ¿Estudiamos en ~~~~~~ a las ~~~~~~ el jueves? ¡Los exámenes del profesor Gallardo son muy ~~~~~~! Tienes los dos libros — ¿por qué no estudiamos ~~~~~~ primero? Bueno, tengo que irme. Ahora ~~~~~~ estudiamos para el examen de geografía.
¡Nos vemos ~~~~~~!

Antonio

Modelo: ¿Qué tenemos que estudiar?

1. _____

2. _____

3. _____

4. _____

5. _____

6. _____

7. _____

Talking about daily activities: **-er** *and* **-ir** *verbs in the present indicative*

ACTIVIDAD 10. Mis compañeros y yo. Natalia lives in a group house with five other roommates! There are six bedrooms in the house, so everyone has his or her own room, but there is only one car for all six roommates to share. In order to schedule it, Natalia and her roommates keep track of all the activities requiring the car on one calendar. First study the calendar, then complete Natalia's comments to Martín about who is using the car to do what, based on the cues provided. Follow the model.

lunes	martes	miércoles	jueves	viernes	sábado	domingo
9:00 A.M. Luis: recibir el paquete de su familia en la estación de autobuses	10:00 A.M. Sandra: leer a los niños en la biblioteca	11:00 A.M. Martín y Jorge: asistir a la clase de nutrición	10:00 A.M. Sandra: leer a los niños en la biblioteca	11:00 A.M. Martín y Jorge: asistir a la clase de nutrición	9:00 A.M. Luis: correr en maratón	2:00 P.M. Todos: comer en casa de Felipe
4:00 P.M. Natalia y Jorge: vender los libros en la librería	1:00 P.M. Natalia: transmitir programa por la radio	3:00 P.M. Felipe: imprimir su trabajo en el centro de computación	7:30 P.M. Martín: compartir el auto con su amigo Roberto	9:00 P.M. Sandra: abrir la puerta de la biblioteca para un grupo de estudio	1:00 P.M. Natalia: transmitir programa por la radio	7:00 P.M. Todos: ¡descansar en casa!

Modelo: yo / los martes y los sábados a la una
Yo transmito un programa por la radio.

1. Luis / el lunes a las nueve

   _____

2. Sandra / los martes y los jueves a las diez

   _____

3. tú y Jorge / los miércoles y los viernes a las once

   _____

4. Luis / el sábado a las nueve

   _____

5. todos nosotros / el domingo a las dos

   _____

6. Jorge y yo / el lunes a las cuatro

   _____

7. Felipe / el miércoles a las tres

   _____

8. tú / el jueves a las siete y media

   _____

9. Sandra / el viernes a las nueve

   _____

10. todos nosotros / el domingo a las siete

    _____

ACTIVIDAD 11. Los famosos. Using the verbs provided, think of eight famous people who might do the activities indicated. Write complete sentences saying what they do. Follow the model.

Actividades posibles: vender productos en la televisión, vivir en Beverly Hills, creer en las doctrinas de Scientology, correr mucho, escribir libros de terror, recibir una nominación para el Óscar, leer las noticias (*news*) en la televisión, comer en restaurantes exclusivos, deber aprender a cantar mejor (*better*)

Modelo: escribir novelas románticas
Danielle Steele escribe novelas románticas.

1. _____
2. _____
3. _____
4. _____
5. _____
6. _____
7. _____
8. _____

ACTIVIDAD 12. Preguntas personales. Answer the following questions about what you and your friends do during the week.

1. ¿Asistes a muchas clases?

_____

2. Tú y tus amigos, ¿comen en un restaurante frecuentemente?

_____

3. ¿Qué bebes cuando comes pizza? ¿Agua? ¿Café? ¿Un refresco (*a soft drink*)? ¿Cerveza (*beer*)?

_____

4. ¿Tienes auto? ¿Compartes el auto con los amigos?

_____

5. ¿Tienen auto tus amigos? ¿Comparten el auto con otros amigos?

_____

6. ¿Comprenden tus amigos tus problemas?

_____

7. ¿Qué deben hacer (*to do*) tú y tus amigos durante la semana?

_____

8. ¿Recibes muchos e-mails? ¿De quiénes?

_____

9. ¿Escriben muchos e-mails tú y tus amigos? ¿A quiénes escriben?

_____

10. ¿Dónde vive tu familia? ¿Dónde viven tus mejores amigos?

_____

Talking about possessions: Simple possessive adjectives

ACTIVIDAD 13. Todas las clases. Use possessive adjectives to complete the following conversation between Rosa and Adela as they talk about their class schedules.

ADELA: Oye, Rosa, necesito otra clase para completar (1) _____ horario. ¿Tienes unas

sugerencias?

ROSA: A ver... ¿qué tengo yo? ¿Cómo son (2) _____ clases? Bueno, a mí me gusta

mucho la clase de nutrición. Es muy interesante.

ADELA: Sí, pero ya tengo bastantes clases en ciencias. Necesito otro de los cursos básicos. ¿Qué tal

(3) _____ clase de economía? ¿Te gusta?

ROSA: ¡Uy, no! Es muy aburrida. Tal vez debes hablar con Lorena y Javier. Les gusta mucho

(4) _____ clase de psicología.

ADELA: ¿Verdad? A ver si tengo (5) _____ número de teléfono. Voy a llamar.

ROSA: Buena idea. A ver si ellos tienen unas sugerencias. Pero, oye, tenemos que estudiar, chica. ¡(6)

_____ examen de biología es mañana!

ADELA: Ay, sí. ¡Qué horror! ¡Tengo demasiado trabajo! ¿Por qué es tan complicada

(7) _____ vida (*life*)?

ROSA: ¡Pobrecita! (8) _____ vida no es complicada... pero ¡(9) _____

excusas sí son complicadas!

ACTIVIDAD 14. ¿Qué son? Complete each of the following sentences with the most likely object and the correct possessive adjective. Make sure they all agree in number and gender! Follow the model.

Objetos: cintas, calculadora, disquetes, libros, tarea, papel, computadora, diccionario

Modelo: Tomás escucha música en _____*sus cintas*_____.

1.   Yo busco información lingüística en _____.

2.   Tú tienes archivos (*files*) de la computadora en _____.

3.   Elena escribe e-mail con _____.

4.   Dolores y yo leemos sobre el arte en _____.

5.   Marcos y Leonora hacen (*do*) problemas de matemáticas con _____.

6.   Tú escuchas música en _____.

7.   Nosotros no comprendemos _____.

8.   Mario y Sara escriben apuntes en _____.

ACTIVIDAD 15. En la universidad. Look at the following drawing to say where each person is going right now. Use complete sentences.

Arsenio   tú   Sebastián y Alicia   yo   Gloria

1. Arsenio: _____

2. Tú: _____

3. Yo:

   _____

4. Alicia y Sebastián: _____

5. Gloria: _____

ACTIVIDAD 16. Actividades. Use words from each column to create six sentences about the activities you and your friends plan to do this week.

A	B	C
yo	ir a	tocar un instrumento musical (¿cuál?)
mi mejor amigo(a)		leer libros (¿cuáles?)
mis amigos y yo		comer en un restaurante (¿cuál?)
mis compañeros de clase		estudiar (¿dónde?)
mi familia		practicar deportes (¿cuáles?)
		descansar (¿dónde?)
		escuchar música (¿de quién?)
		trabajar (¿dónde?)
		bailar (¿qué?)
		alquilar videos (¿cuáles?)
		mirar televisión (¿cuándo?)

Modelo: *Mi amiga Teresa va a descansar en la residencia.*

1. _____
2. _____
3. _____
4. _____
5. _____
6. _____

A LEER

Estrategia: Using visuals to aid in comprehension

Antes de leer

ACTIVIDAD 17. Las imágenes. Review the reading strategy on page 94 of your textbook. Then look at the following article about a website (**sitio web**) and study the visuals that accompany it. Based on the images you see, what do you think the subject of the reading is?

_____

ACTIVIDAD 18. La reseña. The reading and the visuals that accompany it are from *cd.web*, a Spanish magazine that is dedicated to reviewing websites that appear in both Spanish and English. Now that you have examined the web pages shown with the review, read the text of the review itself. Remember, rely on your use of cognates to help you through the text. You do not have to understand every word to get the main idea. Some key words are translated for you.

Museo del Prado

http://www.museoprado.mcu.es

Sin duda uno de los mejores Webs existentes en el panorama español, por no decir el mejor.

Una auténtica aplicación multimedia sobre el Museo que le enseñará cuales son las principales obras del Museo, la historia, las obras...

En la Web podrá preparar su visita gracias a los diversos recorridos que se le proponen por el Museo. Asimismo podrá consultar todas las obras existentes en el Museo, mediante colecciones, autores, épocas...

Cada mes se le invita a participar en una visita guiada, «Una obra, un artista», en la que se le enseña a mirar un cuadro analizándolo con todo detalle.

mejores: *best;* **le enseñará:** *will show you;* **obras:** *works of art;* **podrá:** *you will be able to;* **recorridos:** *tours;* **mediante:** *by means of;* **cuadro:** *painting;* **detalle:** *detail*

Después de leer

ACTIVIDAD 19. ¿Cierto o falso? Say whether the following statements about the review are **cierto (C)** or **falso (F)**.

_____ 1. Este sitio web es uno de los mejores en español.

_____ 2. El sitio web tiene una aplicación multimedia.

_____ 3. El sitio web no tiene información sobre la historia del museo.

_____ 4. Todos las semanas hay una visita guiada que se llama "Una obra, un artista".

_____ 5. El sitio web ofrece la oportunidad de analizar los cuadros de otros museos.

ACTIVIDAD 20. ¿Y tú? Answer the following questions about the reading.

1. ¿Para qué curso debes usar este sitio web para buscar más información?

   _____

2. ¿Te gusta la idea de visitar un museo por Internet?

   _____

A ESCRIBIR

Antes de escribir

Estrategia: Prewriting—Brainstorming ideas

ACTIVIDAD 21. Museos cibernéticos. Your writing assignment for this chapter is to find a museum website on the Internet and write a short description of it. Before you begin, review the writing strategy on page 96 of your textbook and brainstorm a list of museums that you would be interested in visiting virtually. (The museum can be from anywhere in the world; just make sure it's big enough to have a website.)

_____

_____

_____

ACTIVIDAD 22. Un sitio web. Now choose one of the museums you listed in **Actividad 21.** Search for it on the Internet. When you find its official site, take a few minutes to go through it and answer the following questions.

1. ¿Cómo es el sitio web? (¿interesante? ¿aburrido? ¿grande? ¿pequeño?)

   _____

   _____

2. ¿Hay fotos? ¿Hay muchos elementos gráficos? ¿Hay mucho color?

   _____

   _____

3. ¿Qué información hay sobre el museo? (¿el horario? ¿la dirección? ¿el teléfono? ¿los nombres de los artistas? ¿los nombres de las obras de arte? ¿la historia del museo?)

   _____

   _____

   _____

Escritura

ACTIVIDAD 23. Una descripción. Use the information you gathered in **Actividad 22** to write a short description of the website. Try to write freely without worrying too much about mistakes and misspellings.

Modelo: *El sitio web del museo... es grande. Tiene mucho color y hay fotos de unas de las obras de arte...*

_____

_____

_____

_____

_____

_____

_____

_____

_____

_____

Después de escribir

ACTIVIDAD 24. Otra vez. Now go back over your description and revise it. Use the following checklist to guide you. Did you...

- include all the information suggested in **Actividad 22**?

- look for misspellings?

- check to make sure that you used the correct forms of **-ar, -er** and **-ir** verbs and the verb **ir**?

- use possessive adjectives correctly?

- make sure that all articles and nouns agree in number and gender?

CAPÍTULO 4

¿Te interesa la tecnología?

¡IMAGÍNATE!

ACTIVIDAD 1. Mi computadora. Compras una computadora nueva. En el manual hay un dibujo de la computadora que da el nombre de cada pieza. Escribe el nombre de cada pieza en la línea en blanco. Usa el artículo definido.

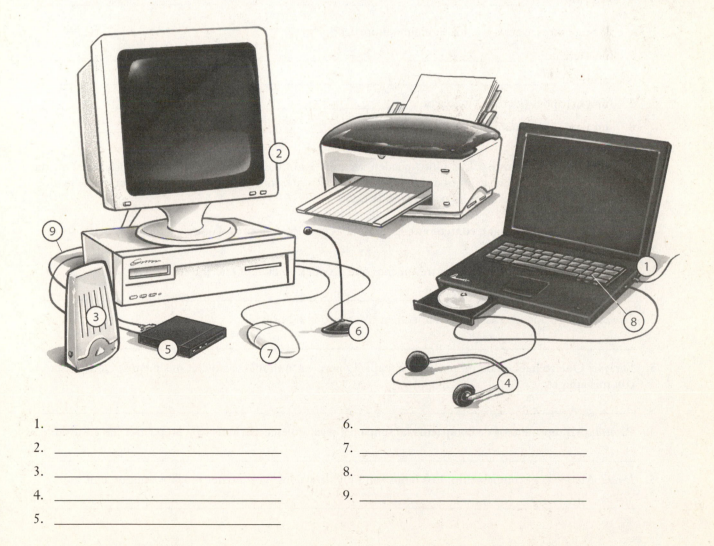

1. _____   6. _____
2. _____   7. _____
3. _____   8. _____
4. _____   9. _____
5. _____

ACTIVIDAD 2. ¿Cómo usas tu computadora? Ahora contesta las preguntas sobre el uso de tu computadora.

1. ¿Cuál es tu dirección electrónica? _____

2. ¿Cuál es tu programa de software favorito? _____

3. ¿Cuánta memoria tiene tu sistema? _____

4. ¿Cuál es tu juego interactivo favorito? _____

5. ¿Cómo se llama el buscador que usas más? _____

6. ¿Cuál es tu sitio web favorito? _____

ACTIVIDAD 3. Los colores. Escribe el color que asocias con cada situación.

¿Qué color o colores asocias con las siguientes emociones o condiciones?

  1. triste: _____

  2. celoso: _____

  3. furioso: _____

  4. nervioso: _____

¿Qué color o colores asocias con los siguientes animales?

  5. un elefante: _____

  6. un león: _____

  7. una mariposa (*butterfly*) monarca: _____

  8. un flamenco (*flamingo*): _____

ACTIVIDAD 4. Los niños. Los niños pueden ser muy emotivos (*emotional*). Tú eres consejero(a) en un campamento (*camp counselor*) de niños de ocho a diez años. Escribe cómo está cada niño(a) según lo que te dice. Usa **estar +** la forma correcta de las palabras en la lista.

Ideas: aburrido(a), cansado(a), contento(a), enfermo(a), enojado(a), nervioso(a), ocupado(a), preocupado(a), seguro(a), triste

1. *María:* ¡No puedo dormir! Ya van tres noches que no duermo bien. ¡Quiero ir a mi casa!

   _____

2. *Tomás:* ¡Tengo apendicitis! No puedo comer. ¡Necesito ir al hospital!

   _____

3. *Enrique:* Quiero hablar con mi mamá y mi papá. Quiero estar en mi cuarto con mis juegos. Quiero estar con mis amigos.

   _____

4. *Pamela:* ¡Mi reproductor de compactos no funciona! ¡Quiero escuchar música y no puedo! ¡Es absurdo!

   _____

5. *David:* Me gusta el campamento. Los niños son muy divertidos. Voy a tener muchos amigos aquí.

   _____

6. *Ana:* No me gustan las actividades del campamento. No hay nada interesante que hacer. ¿Dónde está mi computadora? ¡Quiero mirar televisión!

_____

ACTIVIDAD 5. Los productos electrónicos. Varios de tus amigos te comentan sobre sus necesidades. Diles qué producto electrónico necesitan.

Modelo: Quiero poner los nombres, las direcciones, las direcciones electrónicas, los números de teléfono y los cumpleaños de todos mis amigos en un sitio central.

Necesitas un organizador electrónico.

1. Quiero alquilar videos y mirarlos en casa a todas horas.

_____

2. Quiero navegar por Internet en el salón de clase, en la biblioteca, en la cafetería y en todos los sitios de la universidad.

_____

3. Quiero escuchar música cuando estoy en el gimnasio o cuando corro por las mañanas.

_____

4. Si es necesario, quiero que mis amigos y mi familia me puedan notificar o ponerse en contacto conmigo.

_____

5. Quiero grabar (*to tape*) las actividades de los estudiantes en la residencia estudiantil y transmitir el programa por la red mundial.

_____

ACTIVIDAD 6. El ciberespacio. Contesta las siguientes preguntas sobre tus actividades en la red mundial.

1. ¿Te gusta chatear? ¿Qué grupos de conversación te interesan?

_____

2. ¿Cuánto tiempo pasas en Internet todos los días?

_____

3. ¿Cuántos e-mails recibes en un día?

_____

4. ¿Cuál es tu proveedor de acceso?

_____

5. ¿Cuáles son tus sitios web favoritos?

_____

6. ¿Participas en grupos de debate? ¿Cuáles?

_____

7. ¿Cambias (*Do you change*) tu contraseña con frecuencia? ¿Cuántas veces (*times*) por mes?

_____

¡PREPÁRATE!

Expressing likes and dislikes: **Gustar** *with nouns and other verbs like* **gustar**

ACTIVIDAD 7. Los gustos de los estudiantes. Completa el siguiente párrafo sobre los gustos de los estudiantes de la universidad de Tomás. Usa la forma correcta del verbo entre paréntesis.

Aquí en la universidad a los estudiantes nos (1) _____ (gustar) mucho la red

mundial. A mi amiga Rebeca le (2) _____ (fascinar) un sitio web que tiene información

sobre la genealogía de su familia. A mis compañeros de cuarto, Luis y Javier, les

(3) _____ (encantar) los grupos de debate y los grupos de información. A mí me

(4) _____ (interesar) el correo electrónico, porque me

(5) _____ (gustar) escribir frecuentemente a mi familia y a mis amigos. A todos nos

(6) _____ (molestar) las computadoras viejas y las conexiones malas, porque nos

(7) _____ (importar) mucho navegar rápidamente por el ciberespacio. Así que nos

(8) _____ (encantar) las computadoras con mucha memoria.

ACTIVIDAD 8. ¿Les gusta? Indica si a las siguientes personas les gustan o no les gustan estos productos eléctronicos. Sigue el modelo.

Modelo: Mario (no) / computadoras portátiles
A Mario no le gustan las computadoras portátiles.

1. señora Morales (sí) / los asistentes electrónicos

   _____

2. tú (no) / los reproductores de DVD

   _____

3. yo (sí) / el programa antivirus

   _____

4. Beatriz y Marta (sí) / las videocámaras

   _____

5. Guillermo y yo (no) / los juegos interactivos

   _____

6. usted (no) / los bíperes

   _____

7. ustedes (sí) / la red mundial

   _____

8. señor Montoya (no) / el grupo de debate

   _____

ACTIVIDAD 9. Los intereses de todos. Escoge palabras de cada columna para describir qué opinan tú y otros de las cosas indicadas. Puedes usar el singular o el plural de las palabras en la tercera columna.

Modelo: *A mí me fascinan los juegos interactivos.*

A	B	C
mí	(no) interesar	ciberespacio
ti	molestar	juego interactivo
mi mejor amigo(a)	(no) gustar	computadora portátil
mis amigos	fascinar	correo electrónico
nosotros	encantar	grupo de conversación
		sobre ¿...?
		grupo de debate sobre...
		página web de...
		sitio web sobre...
		red mundial

1. _____
2. _____
3. _____
4. _____
5. _____

Describing yourself and others and expressing conditions and locations: The verb **estar** *and the uses of* **ser** *and* **estar**

ACTIVIDAD 10. ¿Cómo están hoy? Basándote en las siguientes oraciones, di (*say*) cómo está cada una de las personas indicadas. Sólo debes usar cada una de las siguientes palabras una vez. Usa la forma correcta de cada adjetivo.

Posibilidades: aburrido(a), cansado(a), contento(a), enfermo(a), furioso(a), nervioso(a), ocupado(a), triste

1. Tenemos un examen muy difícil en la clase de cálculo.

   _____

2. Al señor Alvarado no le interesa mucho su clase de contabilidad.

   _____

3. ¡Tengo seis clases hoy!

   _____

4. A Uds. les molesta muchísimo recibir anuncios (*advertisements*) por correo electrónico.

   _____

5. No duermes bien.

   _____

6. ¡Nosotros tenemos amigdalitis (*tonsilitis*)!

   _____

7. ¡Olgalucía y Ángela no tienen que trabajar hoy!

   _____

8. Tengo malas noticias de mi familia.

   _____

ACTIVIDAD 11. Estoy... Completa las siguientes oraciones con las formas correctas de **ser** o **estar**.

1. Yo _____ de Segovia, España. ¿De dónde _____ tú?

2. Mi amiga Cristina _____ en la biblioteca. Yo _____ en casa.

3. Ricardo _____ un poco nervioso porque _____ la una y tiene que ir al dentista.

4. Arturo y yo _____ altos. María y Efraín _____ bajos.

5. ¿Dónde _____ mis libros de matemáticas? Hoy _____ miércoles y tengo clase a las dos.

6. La profesora de español _____ de México y _____ una autora famosa.

7. Raquel y yo _____ preocupadas porque tenemos examen de francés y no _____ preparadas.

Talking about everyday events: Stem-changing verbs in the present indicative

ACTIVIDAD 12. ¿Qué hacen? Indica qué hace o quiere hacer cada una de las personas indicadas, según el modelo.

Modelo: Margarita (dormir la siesta)
                Margarita duerme la siesta.

1. Ana y yo (jugar tenis)

   _____

2. Mamá y Papá (pensar ir de vacaciones)

   _____

3. Adela (preferir descansar)

   _____

4. tú (querer ir a la cafetería)

   _____

5. yo (empezar a estudiar)

   _____

6. nosotros (servir la cena)

   _____

7. Cecilia (volver del gimnasio)

   _____

8. Lili y Santiago (perder un juego de básquetbol)

   _____

ACTIVIDAD 13. ¡A trabajar!   Todos los estudiantes están muy ocupados con un proyecto importante para el centro de computación. Usa las palabras indicadas para crear oraciones sobre sus actividades.

1. Nieve (empezar a instalar el programa)

_____

2. Eduardo y Sandra (poder hacer la conexión con Internet)

_____

3. Nosotros (repetir la contraseña para el director)

_____

4. yo (pensar en la solución)

_____

5. tú (preferir instalar un programa antivirus)

_____

6. Selena y yo (jugar el juego interactivo)

_____

7. Marcos (pedir asistencia del profesor Núñez)

_____

8. Lidia y Fede (volver de la biblioteca con más información)

_____

ACTIVIDAD 14. Preguntas personales.   Contesta las siguientes preguntas según tus opiniones personales y las de tus amigos.

1. ¿Cuántas horas duermes durante (*during*) la semana?

_____

2. ¿Cuántas horas duermen tú y tu compañero(a) de cuarto los fines de semana?

_____

3. ¿A qué hora empiezas a estudiar?

_____

4. ¿Cuándo vuelves a la residencia estudiantil (o al apartamento) después de las clases?

_____

5. ¿Qué piensas de la red mundial?

_____

6. ¿Qué quieren estudiar tú y tus amigos el próximo semestre?

_____

7. ¿Dónde prefieres estudiar?

_____

8. ¿Qué prefieren hacer tú y tus amigos los fines de semana?

_____

1. rápidamente: _____

2. fácilmente: _____

3. bien: _____

4. mucho: _____

Cambia los siguientes adjetivos a adverbios.

5. económico: _____

6. único (*unique*): _____

7. normal: _____

8. nervioso: _____

9. seguro: _____

10. feliz (*happy*): _____

ACTIVIDAD 16. ¡Más rápidamente!   Completa las oraciones con el adverbio o los adverbios correctos. Algunas pueden tener más de una respuesta.

Adverbios: fácilmente, difícilmente, frecuentemente, normalmente, rápidamente, lentamente, bien, demasiado, mal, mucho, muy, poco

1. Necesito una computadora nueva. Ésta es muy lenta; no funciona _____.

2. Me gustan los programas antivirus. Los uso _____, casi cada semana.

3. Durante una semana típica, _____ voy a clase por la mañana.

4. Me gustan las aplicaciones que puedo usar _____; no tienen demasiadas instrucciones difíciles.

5. Este juego interactivo no me gusta mucho. Funciona _____ mal.

6. Este bíper no suena _____. ¡Recibo muy pocas llamadas!

7. Uso la red mundial muy _____. No me gusta el ciberespacio.

8. Esta computadora funciona _____. No tiene suficiente memoria.

A LEER

Estrategia: Using format clues to aid in comprehension

Antes de leer

ACTIVIDAD 17. El formato. Review the reading strategy on page 129 of your textbook. Then look at the following advertisements on pages 54–55 and study the visuals and other format clues that accompany them. Based on the format of the text and images you see, what do you think is the subject of each ad?

Anuncio A: _____

Anuncio B: _____

Lectura

ACTIVIDAD 18. Los anuncios. Look at the ads on the next two pages. **Anuncio A** appeared in the Colombian news magazine *Semana*, while **Anuncio B** appeared in a Spanish magazine called *Webmanía*. Now that you have examined the format and visuals in each ad, read the advertisements themselves. Remember, rely on your use of cognates to help you through the text. You do not have to understand every word to get the main idea. Some **key** words are glossed at the bottom of each ad.

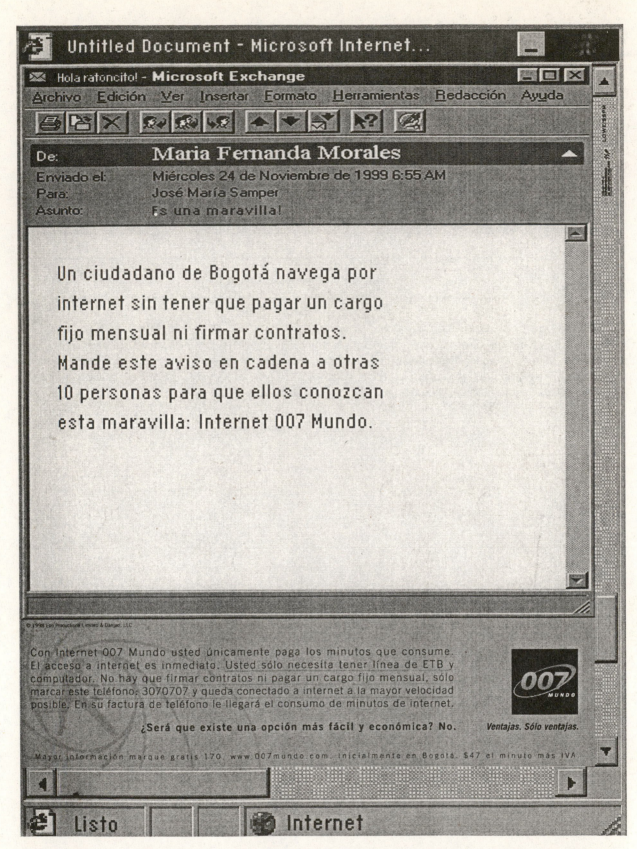

Untitled Document – Microsoft Internet…

✉ Hola ratoncito! – Microsoft Exchange

Archivo   Edición   Ver   Insertar   Formato   Herramientas   Redacción   Ayuda

De: **Maria Fernanda Morales**
Enviado el: Miércoles 24 de Noviembre de 1999 6:55 AM
Para: José María Samper
Asunto: Es una maravilla!

Un ciudadano de Bogotá navega por
internet sin tener que pagar un cargo
fijo mensual ni firmar contratos.
Mande este aviso en cadena a otras
10 personas para que ellos conozcan
esta maravilla: Internet 007 Mundo.

© 1998 Eon Productions Limited & Danjaq, LLC

Con Internet 007 Mundo usted únicamente paga los minutos que consume.
El acceso a internet es inmediato. Usted sólo necesita tener línea de ETB y
computador. No hay que firmar contratos ni pagar un cargo fijo mensual, sólo
marcar este teléfono: 3070707 y queda conectado a internet a la mayor velocidad
posible. En su factura de teléfono le llegará el consumo de minutos de internet.

¿Será que existe una opción más fácil y económica? No.

007 MUNDO

Ventajas. Sólo ventajas.

Mayor información marque gratis 170. www.007mundo.com. Inicialmente en Bogotá. $47 el minuto más IVA

Listo   Internet

ciudadano: *citizen;* **cargo fijo mensual:** *fixed monthly payment;* **firmar:** *to sign;* **Mande este aviso en cadena:** *Send this chain message;* **conozcan:** *they find out about;* **factura:** *bill;* **le llegará:** *will come to you;* **será:** *is it (possible);* **ventajas:** *advantages*

El éxito profesional no depende de un buen enchufe... pero sí de una buena conexión

ComuNet le ofrece soluciones a medida para su empresa. Rentabilice al máximo sus sistemas informáticos.

División de comunicaciones
- ✓ Conexión a **Internet**
- ✓ Diseño de **hojas Web dinámicas**
- ✓ Desarrollo de **Intranets**
- ✓ Desarrollo de **servicios virtuales** para Internet

División de desarrollo de software
- ✓ **Catálogos corporativos** en CD ROM
- ✓ **Software** a medida
- ✓ Formación **Multimedia Interactiva**

División de marketing y diseño interactivo
- ✓ Estrategias de **marketing** para Internet
- ✓ Campañas de **promoción de su Web** en Internet
- ✓ Establecimiento del **copy strategy** de su campaña
- ✓ Adaptación de **campañas publicitarias** a la red
- ✓ **Desarrollo, diseño y planificación** de campañas en Internet

División de formación
- ✓ **Formación a medida** para empresas en el área de las comunicaciones
- ✓ Cursillos puntuales de **iniciación a Internet**
- ✓ Cursillos puntuales de **marketing en la red**

División de servicio técnico y equipamiento
- ✓ **Instalación de redes** corporativas
- ✓ Instalación de **servidores de comunicaciones**
- ✓ **Administración** de sistemas
- ✓ **Venta, mantenimiento y reparación** de equipos

ComuNET
comunicaciones y sistemas en red

Teléfono 902 11 01 01 • http://www.comunet.es • e-mail: info@comunet.es

éxito: *success;* **enchufe:** *connection;* **a medida:** *made to order;* **empresa:** *business;* **rentabilice:** *maximize profits;* **desarrollo:** *development;* **formación:** *education;* **establecimiento:** *establishment;* **venta:** *sales*

Después de leer

ACTIVIDAD 19. ¿Comprendes? Say whether the following statements apply to **Anuncio A** or **Anuncio B**.

1. Se refiere a Bogotá, Colombia: _____

2. Es para una compañía que es solamente (*only*) un proveedor de acceso a Internet: _____

3. Es para una compañía que es proveedor de acceso a Internet y que también ofrece otros servicios informáticos: _____

4. Ofrece cursos sobre iniciación a Internet y mercadeo en la red: _____

5. Diseña páginas web para sus clientes: _____

6. No es necesario pagar un cargo fijo mensual para usar este servicio: _____

ACTIVIDAD 20. Reacciones del público. Imagine that you are in a focus group that is evaluating the effectiveness of these two ads. Write a sentence or two about each ad, saying what you like and what you don't like about each one. Use the phrases provided as necessary.

Frases útiles: (No) Me gusta / interesa...
el formato, el mensaje (*message*), el diseño, la idea central

Anuncio A: _____

_____

_____

Anuncio B: _____

_____

_____

A ESCRIBIR

Antes de escribir

ACTIVIDAD 21. El correo electrónico. Brainstorm three or four general topics for an e-mail you might write to a friend who is interested in computers.

_____

_____

_____

Estrategia: Prewriting—Narrowing your topic

After you choose a topic for a piece of writing, but before you begin the writing process, it's important to narrow your topic to fit the scope of your written piece. For example, in this section, you'll write an e-mail to a friend who is interested in computers. Since most e-mails are one or two paragraphs at best, you can't choose a huge topic to cover in an e-mail.

One way to narrow a topic is to take it and ask yourself questions about it. For example, if your general topic is "computers," you could ask the question, "What kind of computer?" You might answer, "A laptop computer." The next question might be, "When do you use a laptop computer?" The answer might be, "When I travel." You could then ask, "Why do you use a laptop computer when you travel?" with the answer, "It's convenient to use on a plane."

Once you have progressed through a series of narrowing questions like this, you have narrowed your topic from "computers" to "the advantages of laptop computers when traveling."

ACTIVIDAD 22. ¿Cuándo? ¿Por qué? ¿Cómo? ¿Dónde? Go back to the list of topics you wrote down in **Actividad 21.** Choose one and practice narrowing it, using the technique described above.

_____

_____

_____

_____

_____

_____

_____

_____

_____

_____

_____

_____

ACTIVIDAD 23. Un e-mail de Magali. Study the following e-mail. Are there any words or phrases used here that will be useful in your own e-mail? If so, jot them down on the lines below. If necessary, look up other words you don't know in a bilingual dictionary, but try to focus on using the words you've already learned.

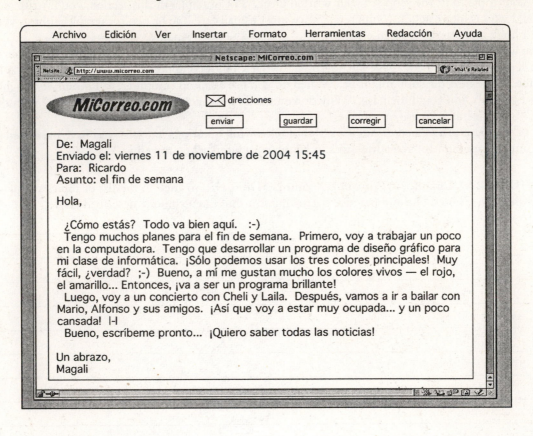

_____

_____

_____

Escritura

ACTIVIDAD 24. Un e-mail a la familia. Using the e-mail in **Actividad 23**, create a rough draft of your e-mail message. Try to write freely without worrying too much about mistakes or misspellings. (You will have an opportunity to revise your work later.) Try to use some of the emoticons you learned in the **A leer** section of your textbook to add interest to your e-mail and to express your emotions. Here are some additional phrases that may be useful as you write.

primero	_first_
luego	_later, then_
entonces	_then, in that case_
así que	_so_
escríbeme pronto	_write soon_
saber las noticias	_to find out the news_

_____

_____

_____

_____

_____

_____

_____

_____

_____

_____

_____

Después de escribir

ACTIVIDAD 25. Otra vez. Now go back over your e-mail and revise it. Use the following checklist to guide you. Did you...

- use some emoticons when appropriate?

- include all the information necessary?

- look for misspellings?

- check to make sure that the adjectives agree with their nouns in gender and number?

- make sure your verbs agree with their subjects?

- conjugate stem-changing verbs correctly?

- use **gustar** and similar verbs correctly?

- use **ser** and **estar** appropriately?

¿Qué tal la familia?

¡IMAGÍNATE!

ACTIVIDAD 1. Mi familia. Explica la relación entre tú y la persona indicada.

Modelo: Es la hija de mi hermano.
Es mi sobrina.

1. Es la hermana de mi madre.

   _____

2. Es la madre de mi padre.

   _____

3. Es el hijo de mi tío.

   _____

4. Es el padre de mi primo.

   _____

5. Es la esposa de mi hermano.

   _____

6. Son los padres de mi esposa.

   _____

7. Es la hija de mi padre, pero no es la hija de mi madre.

   _____

8. Es la nueva esposa de mi padre. No es mi madre.

   _____

ACTIVIDAD 2. Juego de lógica. Usa la lógica para descubrir cuál es la relación familiar de cada persona indicada.

_____ 1. Soy el hijo del esposo de tu madre.

_____ 2. Soy el papá de tu mamá.

_____ 3. Soy la esposa del hijo de tu abuelo.

_____ 4. Soy la madre de tu esposo.

_____ 5. Soy el esposo de tu hija.

_____ 6. Soy la hija de tu madrastra.

_____ 7. Soy la esposa de tu hijo.

_____ 8. Soy la esposa de tu hermano.

a. nuera

b. yerno

c. medio hermano

d. madrastra

e. suegra

f. abuelo

g. cuñada

h. hermanastra

ACTIVIDAD 3. ¿Cuál es su profesión? Escoge de la lista de profesiones para indicar la profesión de cada una de las personas indicadas.

abogado(a)   arquitecto(a)   carpintero(a)   diseñador(a) gráfico(a)   enfermero(a)
médico(a)   mecánico(a)   peluquero(a)   periodista   veterinario(a)

1. A Alberto le gusta hacer ilustraciones y trabajar en la computadora.

   Es _____.

2. A Susana le interesa hacer trabajos de investigación y escribir artículos.

   Es _____.

3. A Ernestina le gusta construir casas y otros edificios.

   Es _____.

4. A José Antonio le gusta trabajar con los animales.

   Es _____.

5. A María Teresa le interesa reparar automóviles.

   Es _____.

6. A Hernando le gusta cortar y lavar el pelo.

   Es _____.

7. A Guillermo le interesa curar a los enfermos.

   Es _____.

8. A Luisa le gusta diseñar casas y edificios.

   Es _____.

ACTIVIDAD 4. El baño de Marta y Mario. Marta y Mario son muy ordenados. Siempre tienen todo lo que necesitan en el baño. Escribe los nombres de las cosas que hay en el baño de Marta y Mario.

1. _____   7. _____

2. _____   8. _____

3. _____   9. _____

4. _____   10. _____

5. _____   11. _____

6. _____

ACTIVIDAD 5. Así es mi familia. Escribe un párrafo que describe tu familia nuclear y/o tu familia política. Incluye por lo menos cinco parientes. Añade *(Add)* todos los detalles que puedas sobre su apariencia física, su personalidad, su profesión, su edad, su cumpleaños, etc.

_____

_____

_____

_____

_____

_____

_____

_____

_____

_____

_____

_____

_____

_____

_____

¡PREPÁRATE!

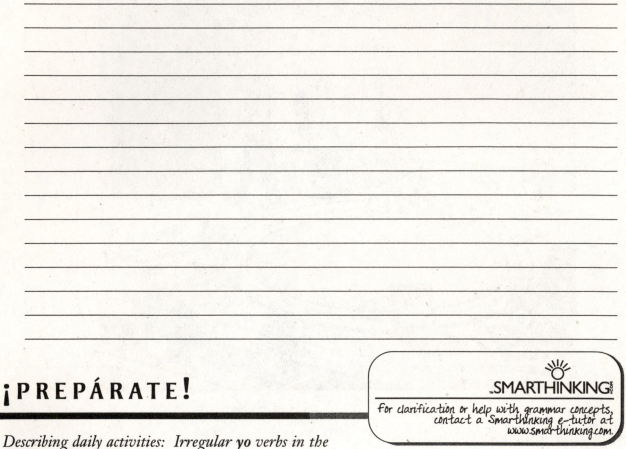

For clarification or help with grammar concepts, contact a Smarthinking e-tutor at www.smarthinking.com.

*Describing daily activities: Irregular **yo** verbs in the present indicative*

ACTIVIDAD 6. Muchas cosas que hacer. Imagina que las actividades de la lista son tus actividades diarias. Ponlas en un orden cronológico, según tu rutina diaria. Sigue el modelo.

Modelo: *Primero, hago el desayuno.*

Actividades: conducir a..., dar comida al gato o al perro, hacer el desayuno, poner los libros en la mochila, salir de la casa, venir a casa, ver...

1. Primero, _____.

2. Segundo,_____.

3. Tercero,_____.

4. Entonces,_____.

5. Luego, _____.

6. Después, _____.

7. Al final,_____.

ACTIVIDAD 7. Preguntas personales. Contesta las siguientes preguntas sobre tus actividades y tu familia.

1. ¿Haces algo especial con tu familia los fines de semana? ¿Qué haces?

_____

_____

2. ¿Sales de la ciudad los fines de semana?

_____

_____

3. ¿Qué traes a una fiesta?

_____

_____

4. ¿Conoces a muchas personas en tu residencia o edificio de apartamentos? ¿A quiénes no conoces?

_____

_____

5. ¿Tienes coche? ¿Conduces frecuentemente o vas a pie o en bicicleta cuando sales?

_____

_____

6. ¿A qué parientes ves con frecuencia? ¿A qué parientes no ves con frecuencia?

_____

_____

7. ¿Sabes la historia de tu familia? ¿Qué más quieres saber?

_____

_____

8. Por lo general, ¿a qué hora sales de casa los viernes y los sábados? ¿Y a qué hora regresas?

_____

_____

Describing daily activities: Reflexive verbs

ACTIVIDAD 8. ¡Vacaciones en grande! Completa el siguiente párrafo sobre las vacaciones de Mario y su familia. Usa la forma correcta del verbo reflexivo entre paréntesis.

Todos los años mi familia (1) _____ (reunirse) en una casa grande en las montañas para las vacaciones. Toda la familia viene, ¡incluso las personas que siempre (2) _____ (pelearse)! Aunque es una casa grande, hay muchas personas y no hay mucho espacio. Sólo hay un baño y siempre está ocupado. ¡Todos nosotros (3) _____ (prepararse) en varios cuartos de la casa!

Por ejemplo, yo (4) _____ (vestirme) y (5) _____ (peinarme) en mi cuarto. A veces, mi papá (6) _____ (afeitarse) en la cocina donde hay varios enchufes (*plugs*) eléctricos. Mi mamá (7) _____ (lavarse) y (8) _____ (secarse) el pelo en la cocina también. Mis tres hermanos menores y mi primo (9) _____ (lavarse) los dientes en el garaje, donde hay agua potable, y (10) _____ (ponerse) la ropa en el clóset, porque ellos no tienen sus propios cuartos. ¡Ellos (11) _____ (acostarse) en los sofás de la sala (*living room*)! Mi hermana mayor (12) _____ (maquillarse) en el garaje, pues usa el espejo (*mirror*) del auto.

Mis abuelos sí tienen su propio cuarto pero tienen que compartir el baño con nosotros. Ellos (13) _____ (levantarse) a las cinco de la mañana para usar el baño antes del resto de la familia. Mis tíos (14) _____ (acostarse) a medianoche porque tienen que esperar hasta esa hora para (15) _____ (ducharse).

Es una situación un poco exagerada, pero todos nosotros siempre (16) _____ (reírse). No (17) _____ (pelearse) mucho, pero ¡sí (18) _____ (quejarse) de vez en cuando!

ACTIVIDAD 9. ¿Qué hacen? Para cada oración, indica qué va a hacer la persona indicada. Usa un verbo de la lista. Sigue el modelo.

Modelo: Tú vas al dentista.
                 Te lavas los dientes.
Verbos: acostarse, comprometerse, despertarse, ducharse, lavarse, quejarse, reírse, separarse, vestirse

1. Tú y yo vemos un programa de televisión muy cómico.

   _____

2. Marta y Roberto deciden casarse.

   _____

3. Tú estás muy, muy cansado.

   _____

4. Pepe y Jorge acaban de jugar al fútbol.

   _____

5. Yo acabo de bañarme.

   _____

6. El bebé está durmiendo cuando oye la música rock de los vecinos (*neighbors*).

   _____

7. Tú y yo estamos comiendo en un restaurante y el camarero es muy antipático.

   _____

8. El señor y la señora Olivera se pelean mucho y están muy descontentos.

   _____

ACTIVIDAD 10. ¡¿Lo crees?! Completa las siguientes oraciones con la forma correcta del verbo entre paréntesis. Luego, si no estás de acuerdo con algunas de las oraciones, ¡corrígelas y reescríbelas en las siguientes líneas!

1. Las mujeres _____ (bañarse) más frecuentemente que los hombres.

2. Las mujeres que viven en el sur del país _____ (maquillarse) más frecuentemente que las mujeres que viven en el norte.

3. Los hombres _____ (vestirse) mejor que las mujeres.

4. Los estudiantes _____ (quejarse) más que los profesores.

5. Los niños _____ (pelearse) más que los adultos.

6. Los jóvenes _____ (enamorarse) más frecuentemente que las personas mayores.

7. Los estudiantes dedicados _____ (acostarse) más temprano que los estudiantes mediocres.

8. Los vegetarianos _____ (enfermarse) más que las personas que comen carne.

Ahora, si no estás de acuerdo con unas de estas observaciones, corrígelas y escribe las oraciones nuevas aquí.

_____

_____

_____

_____

_____

_____

_____

_____

ACTIVIDAD 11. Una historia de amor. Usa ocho de los siguientes verbos para crear una breve historia de amor, desde el principio (*beginning*) hasta el final (¡si tiene fin!).

Verbos: casarse, comprometerse, despedirse, divertirse, divorciarse, enamorarse, pelearse, quejarse, reírse, reunirse, separarse

_____

_____

_____

_____

_____

_____

_____

Describing actions in progress: The present progressive tense

ACTIVIDAD 12. La fiesta del abuelo. La familia Bravo está celebrando el cumpleaños del abuelo. Mira el dibujo y usa los verbos indicados para escribir oraciones que describan qué está haciendo cada miembro de la familia. Sigue el modelo en la página 69.

Verbos posibles: bailar, cantar, comer, hablar, maquillarse, mirar, peinarse, tocar, tomar

Modelo: Javier
              Javier está peinándose. / Javier se está peinando.

1. Tía Juliana

   _____

2. Remedios

   _____

3. Tío Julio y yo

   _____

4. Juanito

   _____

5. El abuelo

   _____

6. La abuela

   _____

7. Lidia y Marcos

   _____

ACTIVIDAD 13. ¡Detective! Indica qué están haciendo las personas indicadas, según la información que tienes. Usa verbos de la lista y escribe oraciones según el modelo.

Verbos: afeitarse, casarse, comprometerse, despedirse, divertirse, divorciarse, enamorarse, preocuparse, quejarse, reírse

Modelo: Laura y Felipe participan en una ceremonia muy elegante y emocionante en una iglesia.
              Están casándose. / Se están casando.

1. Tú y yo tenemos clases en edificios diferentes y tenemos que decir adiós.

   _____

2. El señor y la señora Mejillez hablan con sus abogados porque ya no quieren estar casados.

   _____

3. Mi compañero de cuarto dice que sus clases y sus profesores son terribles.

   _____

4. Tú estás en una fiesta fantástica con música buena y gente fascinante.

   _____

5. Miro un video de Jim Carrey. Es muy cómico.

   _____

6. Mis hermanos salen para una fiesta dentro de media hora.

   _____

A LEER

Estrategia: Skimming for the main idea

Antes de leer

ACTIVIDAD 14. ¿De qué se trata *(is about)* el artículo? Review the reading strategy on page 160 of your textbook. Then look at the different sections of an article from *Cambio16* (pages 70–73), a Spanish news magazine. Based on the headline, the introduction and the accompanying visuals, what do you think is the main idea of this article?

_____ 1. Los jóvenes de hoy son muy ambiciosos y agresivos en relación al trabajo.

_____ 2. A los jóvenes de hoy no les interesa el trabajo.

_____ 3. A los jóvenes de hoy les interesa más la calidad de la vida que un salario grande.

_____ 4. A los jóvenes de hoy no les interesa ni la familia ni los deportes ni los viajes.

Lectura

El poder[1], el dinero[2] y el "status" no son esenciales para el nuevo ejecutivo del siglo XXI. Un estudio realizado entre jóvenes profesionales de 18 a 45 años demuestra que lo más importante para ellos es, entre otras cosas, la satisfacción laboral, el trabajo en equipo[3] y el tiempo libre[4] para disfrutar[5] de la familia, el deporte, los viajes y la naturaleza. El ejecutivo del mañana apuesta[6] por la felicidad y busca ante todo la calidad de vida.

Ejecutivos del siglo XXI

[1]**poder:** *power;* [2]**dinero:** *money;*
[3]**en equipo:** *as a team;* [4]**tiempo libre:** *free time;* [5]**disfrutar:** *to enjoy;*
[6]**apuesta:** *bets on*

ACTIVIDAD 15. Ejecutivos del siglo XXI. Now read the section of the article on page 70. Focus just on getting the main idea and don't try to understand every single word. (After each section, you will have the opportunity to check your comprehension.)

¿Cuál es **la idea principal** del título y de la introducción?

_____ 1. Hay cosas más importantes para los jóvenes que el dinero y el "status".

_____ 2. La mayoría de los jóvenes de 18 a 45 años son ejecutivos.

_____ 3. La familia no es muy importante para los jóvenes.

_____ 4. A todos los jóvenes les importa tener una carrera impresionante.

> Según este informe, casi un tercio de los jóvenes profesionales españoles anteponen[1] la satisfacción laboral a ganar más dinero o al desarrollo de su carrera profesional. Estos datos representan un giro[2] significativo respecto a las prioridades laborales de los años 80, cuando los ejecutivos basaban su éxito profesional y personal en el dinero, el poder y el "status". «Yo lo que quiero es trabajar a gusto y que valoren mi esfuerzo —cuenta Laura Iglesias, ayudante de dirección en la empresa de obras y finanzas Ayosa—. No compensa en absoluto ganar[3] mucho dinero si no estás satisfecho con tu trabajo».

[1]**anteponen:** *put before, choose;* [2]**giro:** *turn;* [3]**ganar:** *to earn*

¿Cuál es **la idea principal** de este párrafo?

_____ 1. Laura Iglesias es ayudante de dirección en la empresa de obras y finanzas Ayosa.

_____ 2. Los ejecutivos siempre (*always*) basan su éxito profesional y personal en el dinero, el poder y el "status".

_____ 3. Para un 30% de los jóvenes la satisfacción en el trabajo es más importante que el dinero o el desarrollo de su carrera.

_____ 4. Según Laura Iglesias, ganar mucho dinero es más importante que estar satisfecho en el trabajo.

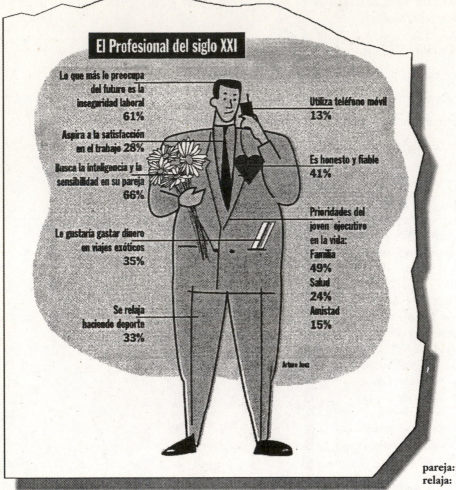

El Profesional del siglo XXI

Lo que más le preocupa del futuro es la inseguridad laboral 61%

Aspira a la satisfacción en el trabajo 28%

Busca la inteligencia y la sensibilidad en su pareja 66%

Le gustaría gastar dinero en viajes exóticos 35%

Se relaja haciendo deporte 33%

Utiliza teléfono móvil 13%

Es honesto y fiable 41%

Prioridades del joven ejecutivo en la vida:
Familia 49%
Salud 24%
Amistad 15%

Arturo Juez

pareja: *life partner;* **gastar:** *to spend;* **se relaja:** *relaxes*

Según este gráfico, ¿cuál de las siguientes cosas es más importante para los jóvenes?

_____ 1.   Utilizar teléfono móvil.

_____ 2.   Hacer viajes exóticos.

_____ 3.   Tener satisfacción en el trabajo.

_____ 4.   Tener esposo inteligente y sensible.

¿Cuál es **la idea principal** de esta descripción?

_____ 1.   Nuria Ruiz de Alegría tiene su propia agencia de publicidad.

_____ 2.   A Nuria Ruiz de Alegría le gusta mucho trabajar en equipo.

_____ 3.   Nuria Ruiz de Alegría cree que tener tiempo libre para estar con su familia no es muy importante.

_____ 4.   Nuria Ruiz de Alegría piensa que es esencial colaborar y tener tiempo libre.

Nuria Ruiz de Alegria

30 años. Tiene su propia agencia de publicidad: RDA Comunicación.

"Aprendo mucho trabajando en equipo"

Nuria se considera una mujer emprendedora, buena persona y siempre dispuesta a colaborar. Para ella, trabajar en equipo es fundamental «porque cada uno tiene su especialidad y aprendo mucho de ellos». Su tiempo libre lo emplea en estar con la familia y hacer deporte.

emprendedora: *hardworking;*
dispuesta: *ready*

ACTIVIDAD 16. ¿Comprendes? Now check your comprehension of the article by indicating whether the following statements are **cierto (C)** or **falso (F).** Go back to the article as necessary in order to find the information you need.

_____ 1.   La encuesta (*survey*) se enfoca en jóvenes entre 18 y 45 años.

_____ 2.   A los jóvenes les interesa viajar y tener tiempo libre para hacer deporte y estar con la familia.

_____ 3.   Para los ejecutivos, la salud (*health*) es más importante que la familia.

_____ 4.   La preocupación más grande de los jóvenes es la inseguridad laboral.

_____ 5.   Más del 50 por ciento de los ejecutivos se consideran honestos.

_____ 6.   A Nuria Ruiz de Alegría le importa colaborar con sus colegas.

ACTIVIDAD 17. ¿Y tú? Do you agree with the people surveyed for the article? Go back and look at the graphic. Assign values that are based on your own priorities. Then write a short paragraph describing your own values when it comes to work and free time.

_____

_____

_____

_____

_____

_____

_____

_____

A ESCRIBIR

Antes de escribir

Estrategia: Writing—Creating a topic sentence

ACTIVIDAD 18. Un resumen.   Identify the topic sentence (**una oración temática**) for each of the two sections of the article you read in the **Lectura** section. Review the main idea of each section and write down the topic sentence. Before you begin, review the writing strategy on page 162 of your textbook.

1.   Párrafo 1: _____

_____

_____

_____

2. Descripción de Nuria Ruiz de Alegría:

_____

_____

_____

ACTIVIDAD 19. Tus propias ideas. Now imagine that you are writing three paragraphs about your views on work and leisure time. What three topics would you most like to develop? Choose from the list or include ideas of your own.

Temas posibles: el trabajo y la familia, el trabajo y el tiempo libre, la importancia del dinero, la importancia del "status", la importancia de tener un trabajo interesante, ¿...?

1. _____

2. _____

3. _____

Escritura

ACTIVIDAD 20. Las oraciones temáticas. Now use the three topics you chose in **Actividad 19** and write a topic sentence for each. Look at the translated words that accompany the reading in the **A leer** section for additional vocabulary that may be helpful to you as you write.

Oración temática #1:

_____

_____

_____

Oración temática #2:

_____

_____

_____

Oración temática #3:

_____

_____

_____

Después de escribir

ACTIVIDAD 21. Otra vez. Now go back over your summary and revise it. Use the following checklist to guide you. Did you...

- write topic sentences for three different sentences?

- make sure your topic sentences each express a different idea?

- check to make sure that you used the correct forms of any reflexive verbs and other verbs you already know?

- make sure that all articles, nouns, and adjectives agree in number and gender?

- use any verbs with irregular **yo** forms correctly?

- look for misspellings?

CAPÍTULO 6

¿Adónde vas?

¡IMAGÍNATE!

ACTIVIDAD 1. Los estudiantes. Todos los estudiantes van a diferentes sitios. Basándote en sus comentarios, di adónde va cada uno.

Modelo: —¡Uy! Estoy muy cansado. Voy a descansar un rato.
Va al dormitorio. / Va a su apartamento.

1. —Voy a jugar tenis con Ricardo a las cuatro.
    _____

2. —¡Ay! Es hora de preparar la cena.
    _____

3. —¡La temperatura está a 90 grados! Quiero ir a nadar (*to swim*).
    _____

4. —Tengo que hablar con el director del departamento de ciencias.
    _____

5. —Quiero correr y practicar deportes.
    _____

6. —Tenemos un partido de fútbol hoy.
    _____

ACTIVIDAD 2. El horario de Olga. Escribe siete oraciones para decir dónde está Olga los días y horas indicados.

Modelo: lunes a la 1:30 PM:
El lunes a la una y media de la tarde está en la piscina.

1. martes a las 10:00 AM:

_____

2. miércoles a las 8:20 PM:

_____

3. jueves a las 3:30 PM:

_____

4. viernes a las 6:00 PM:

_____

5. sábado a las 5:15 PM:

_____

6. domingo a las 11:00 AM:

_____

ACTIVIDAD 3. ¿Adónde voy? Tienes que ir de compras y hacer otras actividades. Para cada objecto o actividad a la izquierda, indica adónde tienes que ir.

_____ 1. hacer ejercicio aeróbico acuático   a. la tienda de música

_____ 2. comprar unos pantalones nuevos   b. la farmacia

_____ 3. comprar un cuaderno   c. la piscina

_____ 4. comprar champú y medicina   d. la oficina de correos

_____ 5. cambiar un cheque   e. la tienda de ropa

_____ 6. escuchar el nuevo CD de Enrique Iglesias   f. la papelería

_____ 7. comprar un bistec para la cena   g. la carnicería

_____ 8. comprar estampillas para las cartas   h. el banco

ACTIVIDAD 4. ¿Qué categoría? Organiza los siguientes objetos, lugares y actividades dentro de la categoría más apropiada.

Objectos / Actividades / Lugares: sandalias, hospital, ver un partido de fútbol, salchichas, ir en avión, ir a pie, pollo, ver un grupo musical muy popular, estudiar, ir en metro, cuaderno, pijamas, oficina de correos, chuletas de puerco, dormir, ir en tren, papel, estacionamiento, chaquetas, ir en bicicleta

Dormitorio	Estadio	Tienda de ropa	Servicios para la comunidad

Para ir una distancia corta	Para ir una distancia larga	Papelería	Carnicería

ACTIVIDAD 5. Los fines de semana. Escribe un párrafo en que describes cómo pasas los fines de semana. Contesta las siguientes preguntas. Incluye tantos detalles como puedas.

- ¿Cuándo haces las compras? ¿Adónde?
- ¿Vas a la universidad los fines de semana? ¿A qué edificio o departmento?
- ¿Visitas a tus amigos los fines de semana? ¿Dónde viven? ¿Dónde se encuentran?
- ¿Cómo llegas a esos lugares?
- ¿...?

_____
_____
_____
_____
_____
_____

¡PREPÁRATE!

SMARTHINKING.com

For clarification or help with grammar concepts, contact a Smarthinking e-tutor at www.smarthinking.com.

Identifying location: Prepositions of location

ACTIVIDAD 6. Un mapa de Barataria. Barataria, un pueblo imaginario, no tiene un centro muy bien organizado. Mira el mapa del centro y luego sigue el modelo para decir dónde están los sitios indicados, usando las preposiciones apropiadas.

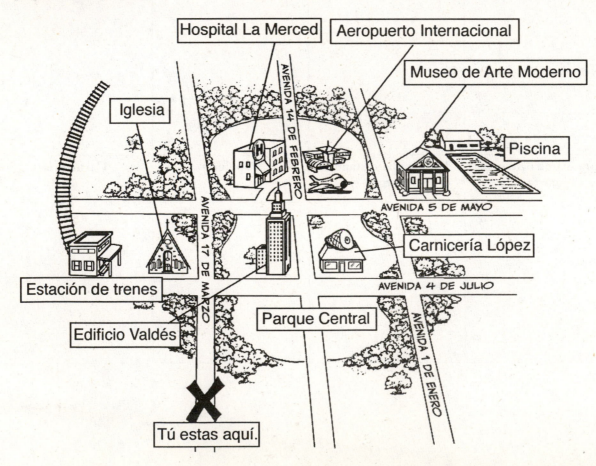

Modelo: la iglesia
La iglesia está al lado de la estación de trenes.

1. el Edificio Valdés

   _____

2. la Carnicería López

   _____

3. el Aeropuerto Internacional

   _____

4. el Hospital La Merced

   _____

5. el Museo de Arte Moderno

   _____

6. la piscina

   _____

7. la estación de trenes

   _____

ACTIVIDAD 7. Una organización mejor. Ahora, mira la organización del centro de Barataria. ¿Cómo puedes cambiarla para crear una organización más lógica? Dibuja un mapa nuevo de Barataria con los mismos establecimientos y edificios pero organizados más lógicamente. También puedes incluir otras tiendas y otros establecimientos si quieres. Después de dibujar el mapa, di dónde están los sitios indicados en la nueva organización.

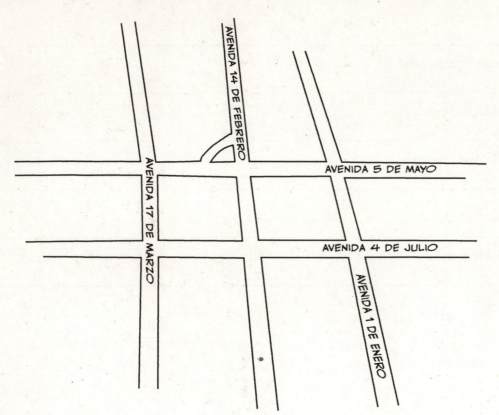

1. el Edificio Valdés

_____

2. la Carnicería López

_____

3. el Aeropuerto Internacional

_____

4. el Hospital La Merced

_____

5. el Museo de Arte Moderno

_____

6. la piscina

_____

7. la estación de trenes

_____

Telling others what to do: Commands with **usted** and **ustedes**

ACTIVIDAD 8. ¡**La vida es difícil!** Marilena vive en una residencia muy estricta. Tiene que escribir unos letreros (*signs*) para la residencia, según las sugerencias de las otras personas que viven allí. Usa las palabras indicadas para crear los letreros. Sigue el modelo.

Modelo: no fumar en el salón
       No fumen en el salón.

1. mantener la cocina en orden

   _____

2. no hacer ruido (*noise*) después de las diez de la noche

   _____

3. apagar la televisión después de usarla

   _____

4. limitar el uso del teléfono público a llamadas de 10 minutos

   _____

5. no salir después de la medianoche

   _____

6. no sacar libros del estudio sin permiso

   _____

7. observar las horas de silencio

   _____

8. tocar a la puerta (*knock on the door*) antes de entrar

   _____

Ahora, escoge tres de los mandatos anteriores y escríbelos de una manera más cortés. Sigue el modelo.

Modelo: *¿Le molesta no fumar en el salón, por favor?*

9. _____

10. _____

11. _____

ACTIVIDAD 9. ¿**Qué debe hacer?** Tienes que escribirle unos consejos (*some advice*) a una colega de tu madre que no conoces. Ella viene a tu universidad el año que viene a trabajar como profesora. Usa los verbos indicados para darle los consejos. Sigue el modelo.

Modelo: correr (¿dónde?)
       Corra en la pista de atletismo. O: *No corra en el parque por la noche.*

1. traer (¿qué?) _____

2. comprar (¿qué?) _____

3. llegar (¿cuándo?) _____

4. ir (¿adónde?) _____

5. tomar (¿qué medios de transporte?) _____

_____

6. comer (¿dónde?) _____

7. visitar (¿a quién?) _____

8. vivir (¿en qué parte de la ciudad?) _____

_____

ACTIVIDAD 10. ¿Me puede decir cómo llegar a...? Mira el mapa de Barataria de la **Actividad 6** (página 80). Indica cómo llegar a los sitios indicados, empezando en el sitio marcado con una X.

¿Me puede decir cómo llegar...

1. al Edificio Valdés?

_____

_____

2. a la Carnicería López?

_____

_____

3. al Aeropuerto Internacional?

_____

_____

4. al Hospital La Merced?

_____

_____

5. al Museo de Arte Moderno?

_____

_____

6. a la estación de trenes?

_____

_____

Affirming and negating: Affirmative and negative expressions

ACTIVIDAD 11. Coné. *Condorito* es una tira cómica muy popular en Latinoamérica. Mira la historia de Coné, uno de los personajes de *Condorito* (en la página 85), y luego di si las oraciones a continuación son **ciertas (C)** o **falsas (F)**.

_____ 1.   El tío de Coné no está en casa; tampoco está su tía.

_____ 2.   El señor dice que no hay nadie en casa.

_____ 3.   Coné dice que sí hay alguien en casa; es su abuelo.

_____ 4.   El señor quiere hablar con el abuelo de Coné.

_____ 5.   Coné dice que el primo no puede venir a la puerta porque está en su cuna.

_____ 6.   El señor quiere hablar con alguien mayor, no con Coné, ni con un bebé.

menos mal: *thank God!*; **al rato:** *in a while*; **lo siento:** *I'm sorry*; **no pude sacarle de la cuna:** *I couldn't get him out of the crib*

ACTIVIDAD 12. ¡No, no y no! Estás de muy mal humor hoy y respondes negativamente a todas las sugerencias que tu amigo te ofrece. Contesta negativamente a cada una de las siguientes preguntas.

1. ¿Quieres visitar a alguien?

   _____

2. ¿Hay algo que quieres ver en la televisión?

   _____

3. ¿Te interesa leer algún libro?

   _____

4. ¿Quieres ir al parque o a la piscina?

   _____

5. ¿Te gustaría comprar un CD?

   _____

6. ¿Te interesa llamar a alguien por teléfono?

   _____

7. Siempre te gusta ir al cine, ¿verdad?

   _____

8. También te gusta ir al teatro, ¿no?

   _____

ACTIVIDAD 13. Buscando trabajo. Completa la siguiente conversación con una de las palabras de la lista.
Palabras: algo, alguien, algún, alguna, algunas, algunos, nada, nadie, ningún, ninguna, nunca, siempre, también, tampoco

—Oye, Raúl. ¿Sabes si hay (1) _____ anuncios de trabajos para camareros en el

periódico?

—No sé. (2) _____ leo el periódico todos los días, pero (3) _____ leo

los anuncios de trabajo. ¿Conoces a (4) _____ que trabaja en un restaurante?

—Sí, Marisa es camarera en el restaurante Platos Volantes, pero ella dice que no necesitan a

(5) _____ en este momento.

—Mario trabaja en un restaurante (6) _____, ¿no? Puedes hablar con él.

—¡Claro! Voy a llamarlo ahora mismo. ¡Gracias!

Indicating relative position of objects: Demonstrative adjectives and pronouns

ACTIVIDAD 14. ¿Éstos, ésos o aquéllos? La señora Cortés hace las compras en un mercado al aire libre.
Mira el dibujo en la página 87 y completa la conversación con el adjetivo o pronombre demostrativo apropiado.
La posición de las dos mujeres está indicada con una X.

SRA. CORTÉS: (1) _____ salchichas se ven muy ricas. ¿Me da seis de

   (2) _____?

VENDEDORA: ¿Cómo no? ¿Le interesa (3) _____ queso? Está muy fresco hoy.

SRA. CORTÉS: Sí, buena idea. Por favor, deme medio kilo de (4) _____ queso y

   también medio kilo de (5) _____ vegetales.

X

VENDEDORA: Muy bien, señora. ¿(6) _____ que cuestan 6 pesos el kilo?

SRA. CORTÉS: Sí, (7) _____ vegetales, y también un kilo de

(8) _____ frutas.

VENDEDORA: Aquí tiene. ¿Algo más? (9) _____ botellas de leche están en oferta

hoy.

SRA. CORTÉS: No, gracias. No necesito leche, pero sí necesito unos yogures. Hay unos yogures de

vainilla entre (10) _____ paquetes allí?

VENDEDORA: Sí. Hay dos de vainilla.

SRA. CORTÉS: Bueno, llevo (11) _____ y también dos kilos de

(12) _____ bistecs.

VENDEDORA: ¿Le gustan (13) _____?

SRA. CORTÉS: Sí, se ven muy frescos. Gracias por todo.

VENDEDORA: De nada, señora.

ACTIVIDAD 15. ¿Y tú? Ahora, escribe la conversación otra vez. En vez de la Sra. Cortés, tú estás en el mercado, comprando las cosas que necesitas para la semana. Usa los pronombres y adjetivos demostrativos correctamente y compra por los menos tres cosas.

TÚ: _____

VENDEDORA: _____

TÚ: _____

VENDEDORA: _____

TÚ: _____

VENDEDORA: _____

A LEER

Estrategia: Working with unknown grammatical structures

Antes de leer

ACTIVIDAD 16. Estructuras desconocidas. When working with verb forms you don't know, the best way to get a quick sense of their meaning is to look at the stem of the verb and try to guess the infinitive. See if you can guess the general meaning of each conjugated verb below.

Modelo: se ha convertido
            convertirse: to convert, change into

1. ha cambiado

    _____

2. inició

    _____

3. seleccionó

    _____

4. construyó

    _____

5. dejó

    _____

6. solicitaron

    _____

7. no ha cambiado

    _____

ACTIVIDAD 17. Equivalentes en inglés. All of the unknown verb forms in **Actividad 16** refer to already completed actions. Note that some have just one word, while others have two. Can you think of how these Spanish verb forms might compare to two forms in English; for example, *converted, has converted*? Write down what you think a possible English translation might be for each one.

1. _____
2. _____
3. _____
4. _____
5. _____
6. _____
7. _____

Lectura

ACTIVIDAD 18. Los nuevos escribas mayas. You are going to read an article about a Mayan community in the state of Chiapas, Mexico. This community is known for its isolation and its desire to keep its traditions and privacy intact. Guidebooks to the area advise tourists not to take pictures of the Chiapas Mayans because they do not like to be photographed. However, a unique program has given the Chiapas Mayans cameras so that they may document their own lives. The following article describes the program and how it has affected the lives of these people. Read to get the main idea and when you come across unknown verb forms, focus on getting the meaning of the infinitive.

Los nuevos escribas mayas

Los turistas que van a Chiapas — siempre advertidos que no fotografíen[1] a los pobladores locales – se sorprenderían[2] al saber que al igual que el tejer[3], la fotografía se ha convertido en una de las artes más admiradas. La opinión que los indígenas de Chiapas tienen sobre los turistas con cámaras no ha cambiado necesariamente. Pero el Proyecto Fotográfico de Chiapas ha cambiado el modo en que reaccionan ante éstos, al proporcionarles a los propios mayas cámaras fotográficas e información básica sobre el uso de la cámara y del cuarto oscuro[4]. Carlota Duarte es la impulsora del Proyecto Fotográfico de Chiapas. Inició el programa en 1992 con la colaboración de la Casa del Escritor, el renombrado centro cooperativo de rescate[5], preservación y desarrollo de cultura maya de Chiapas. Duarte seleccionó a un grupo de posibles fotógrafos, construyó un cuarto oscuro y comenzó a enseñarles las técnicas básicas del arte. Luego dejó a sus estudiantes libres con sus propias[6] cámaras fotográficas para que descubrieran su propio lenguaje visual.

Con frecuencia, las familias y los amigos sirven de modelos para los fotógrafos de la cooperativa. Una de las fotógrafas, María Rosenda de la Cruz Vásquez, de Zinacantán, quiere que sus fotografías documenten la vida de su comunidad: «lo que hacen las mujeres todos los días, la forma en que cargan leña, lavan ropa[7], limpian la casa. Los hombres trabajan en el campo[8], y las mujeres les ayudan a cortar leña y cultivar flores».

Otro grupo de fotógrafos, mujeres mayas de Sbeik, le solicitaron ayuda a Duarte para sus propios proyectos culturales. Querían crear fotonovelas – la forma más popular de comunicación impresa[9] de América Latina – acerca de sus vidas. Con scanners y computadoras proporcionados por el Centro de Investigaciones y Estudios Superiores en Antropología Social de México, las camaristas hacen copias digitales de sus fotografías y utilizan la tecnología informática para crear gráficos originales de alta calidad para su propia serie de fotonovelas. Todas las fotonovelas se publican con un mapa de México que muestra la zona de Chiapas, un texto en tzotzil y español, y un pequeño glosario tzotzil. Los participantes del proyecto están convencidos de que su obra tiene valor[10] para el futuro. Como declararon en la introducción del catálogo que acompañó la exhibición, «...Debemos a nuestro creador por la existencia de múltiples acciones culturales, que forman parte de la vida de nuestros pueblos y nuestra patria mexicana...»

Escena de una fotonovela de las camaristas de Sbeik

[1]**siempre advertidos que no fotografíen** *always warned not to photograph;* [2]**se sorprenderían:** *they would be surprised;* [3]**tejer:** *weaving,* [4]**cuarto oscuro:** *darkroom,* [5]**rescate:** *rescue,* [6]**propias:** *own;* [7]**cargan leña, lavan ropa:** *haul wood, wash clothing;* [8]**campo:** *fields,* [9]**impresa:** *printed,* [10]**valor:** *value*

ACTIVIDAD 19. ¿Comprendiste? Decide if the following sentences are **cierto (C)** or **falso (F)**, based on the reading.

_____ 1. Chiapas es un estado muy moderno y con mucha influencia internacional.

_____ 2. A los indígenas de Chiapas les gusta que los turistas los fotografíen.

_____ 3. A los indígenas de Chiapas les gusta sacar fotos de sus familias, sus vecinos y sus actividades diarias.

_____ 4. Los fotógrafos de Chiapas no tienen acceso a ninguna tecnología fotográfica.

_____ 5. Un grupo de fotógrafos, las camaristas de Sbeik, sacan fotos para crear fotonovelas.

_____ 6. Las fotonovelas tienen texto en dos idiomas.

_____ 7. Los fotógrafos piensan que sus fotos preservan su cultura y su manera de vida.

ACTIVIDAD 20. Mi opinión. Answer the following questions about the article and photography.

1. ¿Te gusta la idea del Proyecto Fotográfico de Chiapas? ¿Por qué?

   _____

   _____

2. Cuando vas de vacaciones, ¿te gusta sacar fotos? ¿Te gusta cuando otras personas te sacan fotos?

   _____

   _____

3. ¿Crees que el acto de sacar una foto es una expresión artística personal? ¿Puede serlo en algunas circunstancias y no serlo en otras?

   _____

   _____

4. ¿Qué clase de fotos sacarías (*would you take*) para representar a tu comunidad?

   _____

   _____

A ESCRIBIR

Antes de escribir

ACTIVIDAD 21. Mi vida.   Imagine that you want to write a short paragraph that shows your daily life, like the Chiapas Mayan community does with their photographs. What scenes or areas would you focus on?

_____

Estrategia: Writing—Adding supporting detail

In **Capítulo 5** you learned to write a topic sentence for a paragraph. To continue the comparison to photography, the topic sentence is similar to deciding *what* you're going to photograph.   Once you know what you want to show, you have the main idea of your paragraph. But the topic sentence is not enough. You need to include supporting detail—additional information or examples that give life to your topic sentence and that help make it more interesting. To continue the comparison of writing to a photo, the supporting detail is similar to the other items in the scene that are not the focal point—what else can you see in the background?

ACTIVIDAD 22. ¿Y qué más?   Go back to the list of places you wrote down in **Actividad 21.** What would your scene show? A statement about the area or scene in general would be your topic sentence. What else would you like to include that will make it more interesting to your reader? Jot down some ideas below. Follow the model.

Modelo: Topic sentence: *Para mí, el centro de mi comunidad es el Parque Laurelhurst.*
                 Supporting details: *muchas personas, perros, niños, básquetbol, jugar Frisbee, flores bonitas, una área para los picnics...*

Topic sentence: _____

_____

Supporting details: _____

_____

_____

_____

Escritura

ACTIVIDAD 23. Mi vida diaria. Using the topic sentence and some of the supporting details you listed in **Actividad 6**, write a short paragraph that describes a scene in your daily life. Remember, the topic sentence should state your main idea, and the supporting details should amplify it, give examples, and provide other interesting information related to the paragraph's topic.

_____

_____

_____

_____

_____

_____

_____

_____

Después de escribir

ACTIVIDAD 24. Otra vez. Now go back over your paragraph and revise it. Use the following checklist to guide you. Did you...

- include all the information necessary?

- make sure the supporting detail amplifies the topic sentence?

- check to make sure that the adjectives agree with their nouns in gender and number?

- make sure your verbs agree with their subjects?

- use prepositions of location, demonstrative adjectives and pronouns, and affirmative and negative expressions correctly?

- check for misspellings?

CAPÍTULO 7

¿Cuáles son tus pasatiempos preferidos?

¡IMAGÍNATE!

ACTIVIDAD 1. ¿Adónde vas a ir? Vas a tomar unas vacaciones. ¿Adónde debes ir si quieres practicar los deportes indicados? En algunos casos puede haber más de una respuesta posible.

Lugares posibles: las montañas, un lago, el océano, un centro turístico, un río, un parque, una piscina

1. hacer surfing: _____

2. esquiar: _____

3. navegar en rápidos: _____

4. patinar sobre hielo: _____

5. jugar golf y tenis: _____

6. hacer el esquí acuático: _____

7. hacer alpinismo: _____

8. nadar: _____

ACTIVIDAD 2. Los deportes. ¿Qué deportes te gusta hacer y qué deportes prefieres ver en la televisión? ¿Hay algunos deportes que no te gusta ni hacer ni ver? Para cada deporte indicado, escribe tu preferencia.

Modelo: el esquí alpino
Me gusta hacer el esquí alpino. No me gusta ver el esquí alpino en la televisión.

1. el boxeo: _____
_____

2. el básquetbol: _____
_____

3. el ciclismo: _____
_____

4. el golf: _____
_____

5. el tenis: _____

_____

6. la natación: _____

_____

7. el surfing:_____

_____

8. el patinaje (*skating*) sobre hielo: _____

_____

ACTIVIDAD 3. Las estaciones y el tiempo. ¿Qué estación o tiempo asocias con las siguientes actividades? Trata de usar estaciones o tipos de tiempo diferentes para cada actividad.

1. ver fútbol americano en la televisión: _____

2. patinar sobre hielo: _____

3. leer novelas largas: _____

4. jugar béisbol: _____

5. nadar en un lago: _____

6. practicar esquí alpino: _____

7. ver béisbol en la televisión: _____

8. jugar hockey sobre hielo: _____

ACTIVIDAD 4. Las emociones y los estados físicos. Contesta las siguientes preguntas sobre las situaciones indicadas. Usa oraciones completas.

1. ¿Cuándo tienes más sueño, por la mañana o por la noche?

_____

2. ¿Tienes hambre cuando te despiertas por la mañana? ¿y por la noche?

_____

3. Por lo general, ¿tienes frío o tienes calor?

_____

4. ¿Siempre tienes prisa o tienes tiempo para hacer todo lo que necesitas hacer?

_____

5. ¿Qué tienes ganas de hacer en este momento?

_____

6. ¿Cuándo tienes miedo?

_____

7. ¿En qué situaciones tienes vergüenza?

_____

8. En tu opinión, cuando discutes un tema con otra persona, ¿tienes tú la razón la mayoría de las veces?

_____

ACTIVIDAD 5. Cuando hace sol...   Completa las oraciones para describir cómo te sientes durante las estaciones y los diferentes tiempos del año. Sigue el modelo y trata de usar las palabras y expresiones de las listas.

Actividades: jugar básquetbol, leer novelas, patinar sobre hielo, entrenarse, ver televisión, dormir mucho, jugar..., ¿...?

Reacciones: tener frío, tener calor, tener sed, tener hambre, tener sueño, tener ganas de ¿...?

Lugares: la casa, la biblioteca, el parque, el gimnasio, la piscina, las montañas

Modelo: *Cuando hace sol, me gusta jugar básquetbol en el parque. Siempre tengo mucha sed y bebo mucha agua.*

1. En primavera, _____

    _____

    _____

2. En verano, _____

    _____

    _____

3. En otoño, _____

    _____

    _____

4. En invierno, _____

    _____

    _____

5. Cuando nieva y hace frío, _____

    _____

6. Cuando hace calor, _____

    _____

    _____

7. Cuando llueve, _____

    _____

    _____

¡PREPÁRATE!

for clarification or help with grammar concepts, contact a Smarthinking e-tutor at www.smarthinking.com.

Talking about what you did: The preterite tense of regular verbs

ACTIVIDAD 6. Durante las vacaciones. Completa la carta que le escribió Julia a su compañera de cuarto con las formas correctas de los verbos en el pretérito.

¡Hola, Neti!

¡No puedo creer que ya estamos en julio! Acabo de regresar de unas vacaciones estupendas. Mi familia y yo (1) _____ (viajar) a Costa Rica para visitar a mis abuelos.

(2) _____ (Llegar) a San José el 10 de junio. Mis padres (3) _____ (pasar) el día visitando museos, pero yo (4) _____ (decidir) ir de compras.

(5) _____ (Comprar) unos libros y unos discos compactos a precios muy buenos y también (6) _____ (conocer) un poco la ciudad. Luego, nosotros (7) _____ (volver) a la casa de mis abuelos.

El próximo día mi padre (8) _____ (jugar) golf, pero mi mamá, mis abuelos y yo (9) _____ (almorzar) en un restaurante muy elegante en el centro. El día siguiente, todos nosotros (10) _____ (decidir) hacer una visita a uno de los parques nacionales cercanos. Costa Rica es famoso por su sistema de parques nacionales que el gobierno (11) _____ (empezar) en los años sesenta. Nosotros (12) _____ (visitar) el Parque Nacional Volcán Poás. El volcán todavía está activo y la erupción más reciente (13) _____ (ocurrir) en 1989. Le (14) _____ (yo–preguntar) al guía si es posible que haya más erupciones en el futuro, y él me (15) _____ (contestar) que sí. ¡Imagínate!

Bueno, nada más que decir, sólo que nosotros lo (16) _____ (pasar) muy bien. ¿Y tú? ¿Cómo (17) _____ (pasar) el mes de junio? ¡Tengo muchas ganas de verte en septiembre!

Un abrazo de tu amiga,

Gloria

ACTIVIDAD 7. Tu rutina. ¿Qué deportes o actividades hiciste (*did you do*) durante el último año? Para cada actividad indicada, di si lo hiciste o no. Contesta con oraciones completas, usando el verbo indicado.

Modelo: patinar en línea
                Patiné / No patiné en línea durante el último año.

1. jugar golf

_____

2. practicar básquetbol

_____

3. sacar fotos

_____

4. empezar a aprender un deporte o una actividad nueva

_____

5. jugar tenis

_____

6. practicar surfing

_____

7. navegar en rápidos

_____

8. entrenarse en el gimnasio

_____

ACTIVIDAD 8. Las vacaciones. Haz oraciones completas usando palabras de las dos columnas para decir qué hicieron (*did*) o no hicieron tú y tus amigos durante las vacaciones. Escribe ocho oraciones completas, usando cada actividad solamente una vez.

A	B
yo	caminar (¿dónde?)
mi amigo(a)	leer (¿qué?)
mis amigos y yo	comprar (¿qué?)
mis amigos(as)	nadar (¿dónde?)
	entrenarse (¿dónde?)
	jugar... (¿qué?)
	practicar (¿qué?)
	remar (¿dónde?)
	pescar (¿dónde?)
	esquiar (¿dónde?)
	sacar fotos (¿de qué?)
	escribir (¿qué?)
	conocer (¿qué o quién?)
	aprender (¿qué?)
	asistir a clases (¿de qué?)

1. _____

2. _____

3. _____

4. _____

5. _____

6. _____

7. _____

8. _____

Talking about what you did: *The preterite tense of some common irregular verbs*

ACTIVIDAD 9. Conversaciones en la fiesta. Completa las siguientes conversaciones con la forma correcta del pretérito de los verbos entre paréntesis.

CARMEN: ¿Qué tal esta salsa? ¡Parece muy rica! ¿Quién la (1) _____ (traer)?

DIEGO: Bueno, em... ¿te gusta?

CARMEN: ¡Sí!

DIEGO: Entonces, ¡yo la (2) _____ (traer)!

ROSA: Oye, Juan José, ¿dónde (3) _____ (estar)? ¡Ya es tarde!

JUAN JOSÉ: Cálmate, mi cariño. ¿No te (4) _____ (yo–decir) que

     (5) _____ (yo-salir) tarde del trabajo?

ROSA: Sí, pero esto (6) _____ (ser) a las ocho. ¡Ya son las diez y media!

JUAN JOSÉ: Em... ¿de verdad? Bueno, ¡tal vez es hora de comprarme un reloj nuevo!

LUIS: Hola, Tina. ¿Qué (7) _____ (hacer) esta tarde? Estás un poco cansada, ¿no?

TINA: Sí, (_____ (ir) al gimnasio para entrenarme un poco y luego (9)

   _____ (hacer) unos ejercicios. Pero ¿no te (10) _____

   (yo-ver) a ti en el gimnasio también? ¿Por qué no estás cansado?

LUIS: Sí, (11) _____ (estar) allí. Pero yo sólo (12) _____

   (hacer) un poco de ejercicio y luego (13) _____ (salir).

ACTIVIDAD 10. Preguntas personales. Contesta las siguientes preguntas sobre tus actividades y las de tus amigos y tu familia.

1. ¿Cuántas películas vieron tú y tus amigos el mes pasado?

  _____

2. ¿Hiciste un viaje durante el año pasado? ¿Adónde fuiste?

  _____

3. ¿Qué hizo tu familia en las últimas vacaciones?

  _____

4. ¿Estuviste enfermo(a) durante el mes pasado? ¿y tus amigos?

  _____

ACTIVIDAD 11. **¿Qué hicieron los famosos?** Escoge cinco de los siguientes personajes o añade otros que te interesan más. Escribe una oración sobre estas cinco personas y algunas de sus actividades durante el año pasado. Trata de usar algunos de los verbos indicados.

Personajes: Bill Gates, Connie Chung, George W. Bush, Oprah Winfrey, Jennifer López, Antonio Banderas, Salma Hayek, Penélope Cruz, Tom Cruise, Tom Hanks, ¿...?

Verbos: decir algo inteligente / estúpido, dar un concierto, traer un problema a la atención del público, ir a..., ser presidente / actor / hombre de negocios..., hacer algo bueno / malo / interesante, ¿...?

1. _____
2. _____
3. _____
4. _____
5. _____

Referring to something already mentioned: Direct object pronouns

ACTIVIDAD 12. Marisol empieza su día. Primero, lee la descripción del día de Marisol. Luego, subraya (*underline*) los objetos directos que ocurren más de una vez. Sigue el modelo.

Modelo: Bueno, todo empezó bien. Sonó (*Rang*) <u>mi despertador.</u> Miré el <u>despertador</u> y apagué <u>el despertador.</u>

Bueno, todo empezó bien. Sonó mi despertador. Miré el despertador y apagué el despertador. Estaba (*I was*) cansada y decidí quedarme en la cama unos minutos más. Cerré los ojos (*eyes*), pero abrí los ojos cuando sonó el teléfono. Contesté el teléfono. Me llamó el jefe para preguntar por qué no estaba en la oficina. Miré el despertador y miré el despertador otra vez: ¡las once de la mañana! Me levanté inmediatamente, me vestí y salí corriendo de la casa. De repente, vi una nota en la puerta. Tomé la nota y leí la nota. Era (*It was*) de un mensajero que decía (*said*) que tenía (*I had*) un paquete para mí que no podía dejar sin mi firma (*signature*). Llevó el paquete a la oficina central de la compañía y ahora yo tenía que recoger (*to pick up*) el paquete allí. Eran (*They were*) unos documentos importantes y yo tenía que llevar estos documentos a una reunión al mediodía. Miré el reloj y miré el reloj otra vez: ¡las once y media! Llamé un taxi y tomé el taxi a la compañía del mensajero para recoger el paquete. Recibí el paquete a las doce menos diez, salí corriendo y llegué a mi oficina al mediodía en punto. ¡Fue una mañana horrible!

ACTIVIDAD 13. Otra vez. Ahora, vuelve a la descripción de la **Actividad 12.** Mira las oraciones donde tienes palabras subrayadas. Escribe el párrafo en las siguientes líneas, sustituyendo los pronombres directos en vez de los objectos directos subrayados (*underlined*). Sigue el modelo.

Modelo: Miré <u>el despertador</u> y apagué <u>el despertador.</u>
            Lo miré y lo apagué.

_____
_____
_____
_____
_____

_____

_____

_____

_____

ACTIVIDAD 14. Mi viaje a Panamá. Combina las siguientes oraciones, usando objetos directos. Sigue el modelo.

Modelo: Viajé a Panamá de vacaciones. Pasé las vacaciones conociendo el país.
Viajé a Panamá de vacaciones y las pasé conociendo el país.

1. Vi el Canal de Panamá. Crucé el Canal de Panamá varias veces.

_____

_____

2. Compré unas guías turísticas. Leí las guías turísticas por la noche.

_____

_____

3. Visité los jardines botánicos de la Ciudad de Panamá. También pinté los jardines botánicos.

_____

_____

4. Comí unos platos típicos, como el sancocho y la ropa vieja, en un restaurante. También compré unos platos típicos de un vendedor en la calle (_street vendor_).

_____

_____

5. Hice surfing en la Playa El Palmar. También hice surfing en la Península de Azuero.

_____

_____

6. Cambié mis dólares americanos por balboas panameños. Luego cambié mis balboas panameños por dólares otra vez.

_____

_____

7. Visité unas islas panameñas. Exploré las islas panameñas para ver las distintas culturas indígenas.

_____

_____

8. Compré unas molas de los indios kunas. Traje las molas a mis amigos como regalos (_gifts_).

_____

_____

Telling friends what to do: **Tú** *command forms*

ACTIVIDAD 15. Sugerencias. Cambia las siguientes sugerencias a mandatos informales afirmativos, según el modelo.

Modelo: Debes hacer alpinismo en los Andes. ¡Es increíble!
Haz alpinismo en los Andes. ¡Es increíble!

1. Es una buena idea salir temprano por la mañana para pescar en ese río.

_____

2. Es mejor entrenarse por la mañana.

_____

3. ¿Por qué no juegas hockey sobre hielo? ¡Patinas muy bien!

_____

4. Debes practicar golf en el centro turístico.

_____

5. ¿Te importa decir cuánto te costó tu raqueta de tenis? Es muy buena.

_____

6. Debes hacer surfing en el oceáno Pacífico.

_____

7. ¿Te molesta venir a la ciudad de vacaciones?

_____

8. ¿Por qué no navegas en rápidos? El río es muy bonito.

_____

ACTIVIDAD 16. Sugerencias diferentes. Ahora, cambia las oraciones que escribiste para la **Actividad 15** a mandatos informales negativos.

1. _____

2. _____

3. _____

4. _____

5. _____

6. _____

7. _____

8. _____

ACTIVIDAD 17. Listos para las vacaciones. Mario, Pilar y Lucía están listos para ir de vacaciones. Para cada dibujo, escribe tres sugerencias sobre qué deben hacer y adónde deben ir. Puedes decirles qué no deben hacer y adónde no deben ir, si prefieres. Usa los mandatos informales.

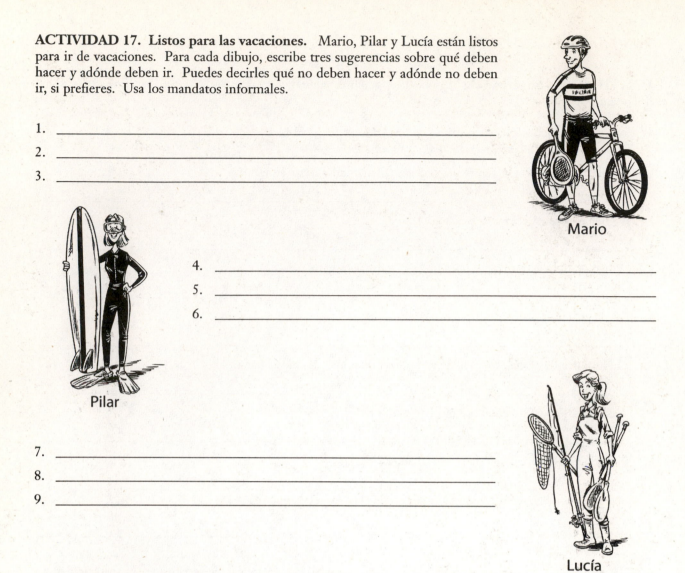

Mario

Pilar

Lucía

1. _____

2. _____

3. _____

4. _____

5. _____

6. _____

7. _____

8. _____

9. _____

A LEER

Estrategia: Scanning for information

Antes de leer

ACTIVIDAD 18. Deporte de aventura. Vas a leer información sobre un evento internacional de aventura en Panamá que se llama El Reto (*Challenge*) Panamá. Este año el evento combina cinco deportes. En tu libro de texto, aprendiste la estrategia de lectura de ojear (*scan*) para encontrar información específica (página 226). Mira rápidamente el texto en la página 103 para ver si puedes identificar por los menos tres de estos deportes.

1. _____

2. _____

3. _____

Lectura

EL RETO PANAMÁ
EVENTO INTERNACIONAL DE AVENTURA,
NOVIEMBRE 23

A escala mundial existen muchos eventos de aventura, cuya trayectoria, dificultad y ubicación geográfica hacen de éstos un suceso único en el mundo del deporte de aventura. Para este año, los organizadores de El Reto Panamá hemos diseñado[1] una ruta que mezcla[2] tres tipos de terrenos totalmente diferentes en un solo recorrido, lo cual exigirá[3] de los participantes toda su capacidad de orientación, trabajo en equipo, condiciones físico-mentales y, sobre todo, el deseo de llegar a la meta[4].

Los deportes
Atletismo extremo • Ciclismo de montaña • Tirolesa, paso por cuerdas libres • Hiking, caminata en montaña • Natación

Concepto
Evento non-stop de resistencia, en el cual podrán[5] participar equipos de cualquier nacionalidad, formados por cuatro personas, en los cuales debe haber como mínimo una mujer. Todos los equipos deben tener un navegante, el cual guía al equipo por la ruta establecida cartográficamente.

Inscripción
Equipos locales: $160.00
Equipos del extranjero[6]: $400.00, e incluye el hospedaje y la transportación

La inscripción incluye:
1. Seguro de vida[7] para todos los miembros del equipo
2. T-shirt de participación
3. Transportación completa (equipo y bicicletas) el día del evento
4. Material de guía (mapas cartográficos, comprobantes de paso, hojas de ruta)
5. Hidratación completa en ruta

Elementos necesarios por equipo
Todos los equipos participantes tienen que proveerse de:

- cuatro bicicletas montañeras y cascos
- chalecos salvavidas (opcionales)
- brújula[8] con escalímetro (prohibido cualquier sistema electrónico)
- lámparas de mano o casco
- capote manga larga (opcional)

- arnés de cintura, mínimo de dos por equipo
- mínimo cuatro mosquetones de seguridad[9] por equipo
- barritas fluorescentes
- abastecimientos para el camino
- un celular de cualquier proveedor
- botiquín médico

¡DONDE ESTÁ EL RETO ESTÁ LA AVENTURA!

---

[1] **hemos diseñado:** *have designed;* [2] **mezcla:** *mixes;* [3] **lo cual exigirá:** *which will demand;* [4] **la meta:** *the goal;* [5] **podrán:** *will be able to;* [6] **del extranjero:** *foreign;* [7] **seguro de vida:** *life insurance;* [8] **brújula:** *compass;* [9] **mosquetones de seguridad:** *security clamps, snap rings*

ACTIVIDAD 19. ¿Qué necesitan los equipos? Ahora, mira el texto otra vez. Léelo muy rápidamente y luego indica qué cosas necesita traer cada equipo que quiere participar en El Reto Panamá.

Cada equipo debe traer...	Sí	No	Opcional
un celular			
mapas			
agua para hidratación			
cuatro bicicletas montañeras			
cascos (*helmets*)			
chalecos salvavidas (*life jackets*)			
capote manga larga (*long-sleeved cape or poncho*)			
un saco de dormir (*sleeping bag*)			
botiquín médico			
lámparas de mano o casco			
barritas fluorescentes (*reflective patches*)			
abastecimientos (comida y otras provisiones)			

Después de leer

ACTIVIDAD 20. ¡Adivina! A ver si puedes adivinar el sentido de las siguientes expresiones de la lectura. Primero, vuelve al texto para encontrar la frase. Luego, mira el contexto para ver si puedes encontrar su equivalente en inglés.

_____ 1. en un solo recorrido

_____ 2. tirolesa, paso por cuerdas libres

_____ 3. arnés de cintura

_____ 4. botiquín médico

a. medical kit

b. medical advice

c. Tyrolean-style rappeling

d. in a single trip, journey

e. Tyrolean-style cuisine

f. waist harness

g. a lonely run

h. horse harness

ACTIVIDAD 21. **¿Comprendiste?** Contesta las siguientes preguntas sobre el texto.

1. ¿Cuántas personas hay en un equipo para el Reto? ¿Puede un equipo tener solamente hombres?

     _____

     _____

2. ¿Cuántos tipos de terrenos se incluyen en la ruta? ¿Cuáles son tres habilidades que deben tener los
    participantes para terminar la ruta?

     _____

     _____

     _____

3. ¿Qué reciben los equipos locales por el precio de inscripción? ¿Y los equipos del extranjero?

     _____

     _____

     _____

     _____

     _____

     _____

4. ¿Te gusta la idea de participar en un evento como éste? ¿Por qué sí o por qué no?

     _____

     _____

A ESCRIBIR

Antes de escribir

Estrategia: Writing—Freewriting

ACTIVIDAD 22. Una postal. Vas a escribir una postal a un(a) amigo(a) describiendo tus vacaciones. Escoge
un sitio para tus vacaciones (real o imaginario) y escríbelo en las líneas. También incluye de tres a cinco
actividades que es posible hacer en este lugar.

 _____

 _____

 _____

 _____

 _____

Escritura

ACTIVIDAD 23. Mis vacaciones. Mira la estrategia de escribir en la página 229 de tu libro de texto, la escritura libre. Primero, escribe una descripción de tus vacaciones. Escribe libremente, sin preocuparte demasiado por la gramática y la ortografía (*spelling*). Incluye las actividades que escribiste para la **Actividad 22.**

_____
_____
_____
_____
_____
_____
_____
_____
_____
_____
_____
_____
_____
_____

Después de escribir

ACTIVIDAD 24. Un mensaje más corto. En una postal, no hay mucho espacio para el mensaje. Mira lo que escribiste para la **Actividad 23** y revísalo. Trata de eliminar palabras que no son necesarias para hacer el mensaje más conciso.

_____
_____
_____
_____

ACTIVIDAD 25. Otra vez. Ahora, mira el mensaje de tu postal. Usa la siguiente lista para redactarlo.

- ¿Es tu mensaje corto pero descriptivo?

- ¿Es interesante e informativo también?

- ¿Usaste pronombres de complemento directo (*direct object pronouns*) para eliminar la repetición?

- ¿Usaste bien las formas del pretérito?

- ¿Hay errores de ortografía?

CAPÍTULO 8

¿En qué puedo servirle?

¡IMAGÍNATE!

ACTIVIDAD 1. ¿Qué llevan? Mira los dibujos y escribe el nombre de cada prenda de ropa al lado del número que le corresponde. Usa el artículo definido.

1. _____
2. _____
3. _____
4. _____
5. _____
6. _____
7. _____
8. _____
9. _____
10. _____
11. _____
12. _____
13. _____
14. _____
15. _____
16. _____
17. _____
18. _____
19. _____
20. _____
21. _____
22. _____
23. _____

ACTIVIDAD 2. Mi ropa. ¿Cuáles de las prendas de la **Actividad 1** tienes? Escoge ocho de las prendas y escribe oraciones según los modelos. No olvides decir de qué están hechas.

Modelos: los jeans
Tengo unos jeans. Están hechos de mezclilla.
O:
la blusa
Tengo una blusa de seda. / Tengo una blusa. Está hecha de seda.

1. _____
2. _____
3. _____
4. _____
5. _____
6. _____
7. _____
8. _____

ACTIVIDAD 3. De compras. Mira los siguientes artículos. En tu opinión, ¿cuánto cuestan estos artículos? Primero pon los precios. Luego, escribe oraciones según el modelo.

Modelo: tres pares de jeans
$150
Tres pares de jeans cuestan más o menos ciento cincuenta dólares.

1. dos pares de zapatos de tenis

_____

_____

2. un collar de oro

_____

_____

3. un reloj

_____

_____

4. una chaqueta de cuero

_____

_____

5. un estéreo bueno

_____

_____

6. un coche económico

_____

_____

7. un coche deportivo o de lujo (*luxury*)

_____

_____

8. una casa nueva en tu ciudad

_____

_____

ACTIVIDAD 4. Haciendo una compra. Completa las siguientes conversaciones con oraciones lógicas, usando las palabras indicadas.

1.

DEPENDIENTE: ¿En qué puedo servirle?

CLIENTE: (vestido)   _____

                            _____

DEPENDIENTE: Muy bien. Tenemos unos que están en venta. ¿Cuál es su talla?

CLIENTE: (talla 12)   _____

                            _____

DEPENDIENTE: Aquí tenemos unos muy bonitos en su talla. ¿Le gusta éste?

CLIENTE: (sí, probarlo)   _____

                            _____

Unos minutos después...

DEPENDIENTE: ¿Cómo le queda?

CLIENTE: (un poco grande)   _____

                            _____

DEPENDIENTE: Le puedo traer otro en la talla 10.

Unos minutos después...

CLIENTE: (bien, ¿cuánto?)   _____

                            _____

DEPENDIENTE: Está en venta hoy. Cuesta solamente cincuenta y cinco dólares.

CLIENTE: (llevarlo)   _____

                            _____

2.

CLIENTE:	Buenos días. Necesito comprarme un traje nuevo.
DEPENDIENTE: (alta calidad)	_____
	_____
CLIENTE:	Me gustan, pero son demasiado caros. ¿No tiene Ud. una oferta especial?
DEPENDIENTE: (rebajados)	_____
	_____
CLIENTE:	Sí, es verdad. Están a muy buen precio. ¿Tiene Ud. un traje gris de talla 40?
DEPENDIENTE: (sí, ¿probarlo?)	_____
	_____

Unos minutos después...

CLIENTE:	Me queda bien, pero me parece un poco pasado de moda. ¿Hay otro un poco más de moda?
DEPENDIENTE: (traje de lino)	_____
	_____
CLIENTE:	Ah, sí, éste me gusta. Voy a probarlo.

Unos minutos después...

DEPENDIENTE: (¿llevarlo?)	_____
	_____
CLIENTE:	Sí. ¿Puedo devolverlo si hay un problema?
DEPENDIENTE: (sí, ¿pagar?)	_____
	_____
CLIENTE:	Con tarjeta de crédito, por favor.

¡PREPÁRATE!

☼ SMARTHINKING.COM

For clarification or help with grammar concepts, contact a Smarthinking e-tutor at www.smarthinking.com.

Talking about what you did: The preterite tense of more irregular verbs

ACTIVIDAD 5. Experiencias diferentes. Completa la siguiente historia sobre un día de compras en el centro. Usa la forma correcta del pretérito de los verbos indicados.

Manuel y yo (1) _____ (ir) de compras ayer. ¡Qué desastre!

Bueno, ¿dónde empezar? Yo (2) _____ (tener) que comprar un regalo para mi

mamá. Nosotros (3) _____ (empezar) en el almacén Roxi. Yo (4) _____

(querer) comprarle una camiseta de seda, pero no (5) _____ (poder) encontrar nada

bueno. Manuel no (6) _____ (querer) mirar la ropa de mujer. Al contrario, él

(7) _____ (pasar) media hora en la sección de electrodomésticos, mirando los deportes

en los televisores de pantalla grande. Después de examinar todas las camisetas, yo

(8) _____ (tratar) de encontrarlo, pero no (9) _____ (poder).

(10) _____ (Andar) por todo el almacen buscándolo, pero no (11) _____

(poder) verlo por ninguna parte. Al fin, yo (12) _____ (tener) que pedir que anunciaran

su nombre por el sistema de anuncios públicos. Por fin, él (13) _____ (venir) a la

recepción. Él (14) _____ (decir) que (15) _____ (ver) a unos amigos en

el departamento de ropa deportiva. Entonces ellos (16) _____ (ir) al café para tomar un

refresco. ¡Manuel me (17) _____ (olvidar) por completo! (18) _____

(Haber) una venta buena en una tienda al otro lado de la ciudad, pero yo no (19) _____

(querer) andar más. Yo (20) _____ (llegar) a casa cansada y sin el regalo. ¡No voy de

compras con Manuel nunca jamás!

ACTIVIDAD 6. Mi experiencia. Contesta las preguntas para describir tu última experiencia en un almacén grande.

1. ¿Cómo llegaste al almacén? ¿Condujiste, tomaste transporte público o anduviste?

_____

2. ¿Qué quisiste comprar? ¿Pudiste comprarlo?

_____

3. ¿Anduviste mucho por el almacén?

_____

4. ¿Vino alguien contigo?

_____

5. ¿Hubo unas ofertas especiales interesantes?

_____

Talking about what you did: The preterite tense of **-ir** stem-changing verbs

ACTIVIDAD 7. El día de un dependiente. Completa la siguiente historia sobre un día en la vida de Marcos Mérida, un dependiente en un almacén grande en el centro de la ciudad. Usa la forma correcta de los verbos entre paréntesis.

(1) _____ (Sonar) el despertador a las siete de la mañana. Marcos

(2) _____, (3) _____ y (4) _____ (despertarse, levantarse,

vestirse). Después de desayunarse, (5) _____ (despedirse) de su familia y

(6) _____ (tomar) el autobús al centro. (7) _____ (Andar) al almacén y

(8) _____ (ir) directo a su departamento, el de ropa de hombre. Allí

(9) _____ (servir) a sus primeros clientes de la mañana. Los señores

(10) _____ (pedir) unos pantalones de lana, talla 36. Marcos los

(11) _____ (buscar), pero no los (12) _____ (poder) encontrar. Por fin,

les (13) _____ (sugerir) a los señores unos pantalones de algodón muy finos. Pero ellos

(14) _____ (preferir) unos de seda, que Marcos no (15) _____ (poder)

encontrar tampoco. Marcos (16) _____ (sentirse) un poco frustrado en ese momento,

pero los clientes (17) _____ (reírse) un poco y (18) _____ (decir) que no

era (*wasn't*) importante. Por fin, (19) _____ (decidir) llevarse unos pantalones de lino.

Cuando ellos (20) _____ (salir) del departamento, Marcos (21) _____

(mirar) su reloj — ¡sólo las nueve y media! Pero él (22) _____ (seguir) trabajando hasta

las cinco. ¡Por fin (23) _____ (poder) salir! Por fin (24) _____ (llegar) a

casa y (25) _____ (dormirse) el instante que (26) _____ (acostarse).

ACTIVIDAD 8. Una experiencia reciente. Usa palabras de las dos columnas para escribir un párrafo corto que describe una experiencia reciente que tuviste. No es necesario usar todas las palabras.

A	B
yo	ir a un restaurante donde servir...
mis amigos	sugerir...
mis amigos y yo	sentirse...
mi familia	pedir...
	vestirse...
	preferir...
	reírse...
	divertirse...

_____

_____

_____

_____

_____

_____

Saying who is affected or involved: Indirect object pronouns

ACTIVIDAD 9. ¡Regalos para todos! Di qué compraste para las siguientes personas, según el modelo. Usa pronombres o sustantivos preposicionales para clarificar si es necesario.

Modelo: mis primos / unas camisetas rojas
               Les compré unas camisetas rojas a mis primos.

1. yo / unas botas de cuero

   _____

2. tú y yo / unos aretes de plata

   _____

3. mi mamá / una blusa de seda

   _____

4. ustedes / unos guantes de piel

   _____

5. tú / una bufanda a cuadros

   _____

6. yo / un cinturón de algodón

   _____

7. Silvia y Sandra / unas gafas de sol

   _____

8. usted / una bolsa de mezclilla

   _____

ACTIVIDAD 10. Los favores. ¿A quién o a quiénes les haces los siguientes favores? Escribe seis oraciones completas según el modelo.

Modelo: traer chocolates
               Le traigo chocolates a mi abuela.

Favores posibles: traer chocolates o flores, llevar los libros a la biblioteca, preparar su comida preferida, dar un regalo para el cumpleaños, prestar (*to lend*) tu ropa preferida, prestar dinero, lavar la ropa, lavar el coche, limpiar la casa, ¿...?

1. _____
2. _____
3. _____
4. _____
5. _____
6. _____

Making comparisons: Comparatives and superlatives

ACTIVIDAD 11. Marta y María. Mira los dibujos y luego haz las comparaciones indicadas, usando **más, menos** o **tanto(a) / tantos(as) como**. Sigue el modelo.

Modelo: Marta: faldas
Marta tiene más faldas que María.

María   Marta

1. Marta: chaquetas de cuero

   _____

2. Marta: zapatos

   _____

3. Marta: camisetas

   _____

4. María: cinturones

   _____

5. María: pantalones

   _____

6. María: bolsas

   _____

ACTIVIDAD 12. Mis amigos. Haz oraciones comparando a tus amigos. Usa las palabras indicadas y sigue los modelos.

Modelos: leer
Mi amigo Mark lee menos que mi amigo Steve.

cómico
Mi amiga Stephanie (no) es tan cómica como mi amiga Lisa.

1. estudiar

_____

2. reírse

_____

3. gastar dinero en ropa

_____

4. escuchar música

_____

5. simpático(a)

_____

6. extrovertido(a)

_____

7. atlético(a)

_____

8. perezoso(a)

_____

ACTIVIDAD 13. Tus marcas preferidas. Primero, escoge cuatro objetos de la lista para comparar. Luego, piensa en tres marcas para cada uno. Escribe oraciones comparando las marcas, según el modelo. Haz otras comparaciones diferentes, si prefieres.

Objetos: los jeans, los zapatos de tenis, las sudaderas, las gafas de sol, los relojes, los celulares, las computadoras, los estéreos, los carros, las cámaras digitales, los MP3 portátiles, las videocaseteras, las videocámaras, ¿...?

Modelo: jeans
     Levis, Guess, Gap
     Los jeans de Guess están más de moda que los jeans de Gap.
     Los jeans de Levis son menos caros que los jeans de Guess.
     Los jeans de Guess son carísimos.

1. _____

_____

_____

2. _____

_____

_____

3. _____

_____

_____

4. _____

_____

_____

ACTIVIDAD 14. ¿Son diferentes o no? Escribe un párrafo comparándote con tu mejor amigo(a) o con un(a) pariente. ¿Cómo son similares? ¿diferentes? ¿Se visten igual o diferente? ¿Les gustan las mismas actividades o no? ¿Tienen posesiones similares o diferentes? Escribe por lo menos seis oraciones comparándote con él o ella.

_____

_____

_____

_____

_____

_____

_____

A LEER

Estrategia: Using background knowledge to anticipate content

Antes de leer

ACTIVIDAD 15. La Cooperativa Santa María. Vas a leer información sobre el sitio web de una cooperativa peruana que produce ropa artesanal y tradicional. ¿Qué sabes de la ropa peruana? Escribe unas frases que expresen las ideas que ya tienes.

_____

_____

_____

ACTIVIDAD 16. Adivina... Mientras lees el texto, trata de usar tus conocimientos de la ropa, las fibras y la ropa peruana (y también de los cognados) para buscar la definición correcta de las siguientes palabras.

1. textileras _____

2. chompas _____

3. pulovers _____

4. a mano o a máquina _____

5. lana de oveja _____

La Cooperativa Santa María

¿Quiénes somos?

Somos 250 mujeres de los conos norte, sur, este y oeste del área metropolitana de Lima, en su inmensa mayoría migrantes, principalmente andinas, pero también de la costa y la selva del Perú. Así hace 32 años iniciamos nuestras actividades impulsadas por la Hermana María Clune, Misionera de la Orden de San Columbano. Pudimos constatar[1], con su ayuda, que nosotras teníamos grandes necesidades de trabajar, pero también grandes capacidades, en especial en nuestras manos, para producir tejidos[2]. Creemos de esta manera en la necesidad de tejer[3] productos pero también en la necesidad de tejer solidaridad.

Hemos orientado nuestra producción al mercado internacional, principalmente europeo, y local. Tratamos de desarrollar[4] mercados y productos que compitan en calidad y en diseños innovadores. Nuestra Cooperativa construye una empresa que busca ser eficiente, y siempre a la vanguardia de la moda y de los cambios; construimos así un futuro y aportamos[5] al progreso de nuestras socias, sus familias y el país.

¿Qué producimos?

Elaboramos productos de acuerdo a la moderna moda europea e internacional, en especial de origen irlandés, pero utilizando las mejores tradiciones textileras de nuestras culturas. Contamos con tres líneas de productos: chompas, accesorios de vestir y mantelería[6] fina.

Sus características:

Nuestras chompas: sweaters, cardigans, chalecos, pulovers, etc. cuentan con variedad de diseños y colores realizados con los más delicados acabados[7], tanto a mano como a máquina, así tenemos modelos en: cuello redondo[8], o abierto con botones o sin ellos. Trabajamos con fibras naturales de origen peruano: fibra de alpaca, algodón y lana de oveja.

Nuestros accesorios de vestir son elementos complementarios e indispensables para el buen vestir al cual corresponden en calidad y diseños. Producimos guantes, chalinas y chullos[9] en similares materiales que nuestras chompas.

Nuestra mantelería para el hogar[10] y la oficina está realizada en materiales y colores para los más exigentes[11] gustos, y en materiales como el algodón, lino y otros.

---

[1]**constatar:** *to confirm;* [2]**tejidos:** *weavings;* [3]**tejer:** *to weave;* [4]**desarrollar:** *to develop;* [5]**aportamos:** *we contribute;* [6]**mantelería:** *table linens;* [7]**acabados:** *finishings;* [8]**cuello redondo:** *round neck;* [9]**chalinas y chullos:** *scarves and knitted hats;* [10]**hogar:** *home;* [11]**exigentes:** *demanding*

Después de leer

ACTIVIDAD 17. ¿Adivinaste? Pudiste adivinar, más o menos, el significado de las palabras de la **Actividad 16**? ¿Qué información te ayudó más?

_____

_____

_____

ACTIVIDAD 18. ¿Comprendiste? Di si las siguientes oraciones sobre la lectura son **ciertas (C)** o **falsas (F)**.

_____ 1.   Hay más de doscientas mujeres en la cooperativa y la mayoría son de Lima.

_____ 2.   La cooperativa tiene más de cuarenta años de edad.

_____ 3.   Los productos están orientados sólo al mercado estadounidense.

_____ 4.   Para las mujeres de la cooperativa, es tan importante tejer solidaridad como tejer productos artísticos.

_____ 5.   Los diseños y técnicas de Irlanda tienen influencia en las artistas de la cooperativa.

_____ 6.   La cooperativa fabrica tres tipos de productos.

_____ 7.   Un grupo de productos de la cooperativa son las hamacas para dormir.

_____ 8.   Trabajan con fibras tradicionales de Perú, como la alpaca y la lana de oveja.

_____ 9.   Producen ropa y también accesorios.

_____ 10.   Fabrican botas y zapatos para niños.

ACTIVIDAD 19. Otras cooperativas. Contesta estas preguntas sobre las cooperativas.

1.   ¿Te gusta la ropa "artesanal" como la de la cooperativa? ¿Por qué sí o no?

_____

_____

2.   ¿Conoces otras cooperativas como ésta? ¿Cómo son? ¿Qué producen o qué hacen?

_____

_____

_____

_____

_____

_____

A ESCRIBIR

Antes de escribir

ACTIVIDAD 20. ¿Qué hay en mi armario (*closet*)? Vas a escribir una descripción de lo que tienes en tu armario. Antes de empezar, escribe tres categorías (o más) de artículos que contiene.

_____

_____

_____

Estrategia: Revising—Editing your freewriting

In **Capítulo 7** you learned how to use freewriting as a way of generating a first draft. Once you have written freely, it's important to edit your work to tighten it up, make it more interesting, and make sure it's all relevant. When you edit your freewriting ask yourself:

- Is this information necessary?

- Would it be better placed somewhere else?

- Is there information missing?

- Can I tighten this up by omitting words and / or sentences?

Escritura

ACTIVIDAD 21. Mi armario. Escribe una descripción de los artículos en tu armario, usando las categorías que escribiste para la **Actividad 20.** Escribe todo lo que puedas sin pensar demasiado en la gramática, el contenido o la ortografía.

_____

_____

_____

_____

_____

_____

_____

_____

_____

_____

_____

_____

_____

_____

_____

_____

_____

_____

_____

_____

_____

_____

Después de escribir

ACTIVIDAD 22. Revisando la escritura libre. Ahora, vuelve a tu descripción. Mírala otra vez y contesta las preguntas de la estrategia de la página 118. ¿Cómo quieres revisar la información y organización de tu descripción? Analízala con cuidado y escribe la nueva (y probablemente más corta) versión en estas líneas.

ACTIVIDAD 23. Otra vez. Ahora, mira la nueva versión de tu descripción. Usa la siguiente lista para ayudarte a revisarla (*to edit it*) otra vez.

- ¿Está completa la descripción?
- ¿Usaste las formas comparativas correctamente?
- ¿Usaste bien las formas del pretérito?
- ¿Usaste los pronombres de complemento indirecto cuando fueron necesarios?
- ¿Hay errores de ortografía?

CAPÍTULO 9

¿Qué te apetece?

¡IMAGÍNATE!

ACTIVIDAD 1. Categorías. Pon las siguientes comidas en la categoría correcta de la tabla.

atún	flan	habichuelas	pastel
almejas	frijoles refritos	huevos estrellados	perro caliente
bróculi	galletas	huevos revueltos	plátano
caldo de pollo	gazpacho	langosta	pollo frito
cereal	guisado	lomo de res	sopa de fideos
ensalada de papas	guisantes	pan tostado	uvas

desayuno	sopas	platos con carne o pescado	vegetales y platos vegetarianos	frutas y postres

ACTIVIDAD 2. ¿Y para tomar? ¿Qué te gusta beber con los platos siguientes o en las situaciones indicadas? Escoge de la lista de bebidas.

Bebidas: café, té o té helado, agua mineral, jugo de fruta, leche, limonada, vino blanco o tinto, cerveza

1. Con el desayuno: _____

2. Con una pizza: _____

3. Con un pastel de chocolate: _____

4. Con lomo de res en un restaurante elegante: _____

5. Después de hacer ejercicio cuando tienes mucha sed: _____

6. Cuando estás enfermo(a): _____

7. En una fiesta: _____

ACTIVIDAD 3. ¿Cómo te gusta? Mira la siguiente lista de comidas. Para cada una, indica qué preparación prefieres. Ten cuidado con la concordancia de comida y el modo de preparación.

Preparaciones posibles: al horno, a la parrilla, al vapor, crudo(a), frito(a), hervido(a), calentado(a) en el microondas, revuelto(a), estrellado(a), congelado(a)

1. las fresas: _____

2. el bróculi: _____

3. los huevos: _____

4. las hamburguesas: _____

5. los perros calientes: _____

6. las zanahorias: _____

7. el pollo: _____

8. las papas: _____

ACTIVIDAD 4. El flan. Mira la receta para preparar flan. Luego contesta las preguntas en la página 125 en oraciones completas.

El flan

6 huevos

3 tazas de leche

6 cucharadas de azúcar

Mezcla los huevos con la leche. Añade el azúcar. Pon en el horno a 150 grados centígrados y hornea por cuarenta minutos. El flan está cocido cuando se puede meter (*insert*) un cuchillo en el centro y sacarlo limpio (*pull it out clean*).

1. ¿Cuántos huevos son necesarios para preparar el flan?

    _____

2. Por cada huevo, ¿cuántas cucharadas de azúcar se necesitan?

    _____

3. Además de los huevos y el azúcar, ¿qué otro ingrediente se necesita para preparar el flan?

    _____

4. ¿Por cuánto tiempo se hornea el flan?

    _____

5. ¿Qué utensilio se usa para saber si el flan está cocido?

    _____

ACTIVIDAD 5. En la mesa. Escribe el nombre correcto de cada artículo en el dibujo.

1. _____   6. _____
2. _____   7. _____
3. _____   8. _____
4. _____   9. _____
5. _____

ACTIVIDAD 6. Un día típico. ¿Cúales son tus platos preferidos? Completa la siguiente tabla para decir qué te gusta comer durante el día. Incluye el método de preparación, si es posible. Luego escribe un párrafo breve describiendo qué comes durante un día típico.

a las 8:00 de la mañana	
al mediodía	
a las 3:00 de la tarde	
a las 7:00 de la noche	
a medianoche	

_____
_____
_____
_____
_____
_____
_____
_____
_____
_____
_____
_____
_____
_____

¡PREPÁRATE!

Talking about what you used to do: The imperfect tense

ACTIVIDAD 7. Las vacaciones. Completa la siguiente conversación entre dos amigas que comparan cómo pasaban las vacaciones durante su niñez.

NATI: Nosotros siempre (1) _____ (ir) a la playa. Y tú, ¿cómo (2) _____ (pasar) las vacaciones del verano?

BETI: Bueno, nosotros no (3) _____ (hacer) la misma cosa todos los años. Pero las vacaciones que me (4) _____ (gustar) más (5) _____ (ser) los viajes que mi familia y yo (6) _____ (hacer) a las montañas.

NATI: ¡Qué bonito! ¿Qué (7) _____ (hacer) tú allí?

BETI: A mí me (8) _____ (gustar) hacer alpinismo. Yo me (9) _____ (preparar) un almuerzo de sándwiches, fruta y agua mineral y (10) _____ (caminar) casi diez kilómetros todos los días.

NATI: ¡Qué horror! ¿No te (11) _____ (cansar)?

BETI: Sí, pero (12) _____ (estar) en buena forma y siempre (13) _____ (ser) muy atlética. ¿No te (14) _____ (gustar) hacer ejercicio durante las vacaciones?

NATI: ¡De ninguna manera! Yo (15) _____ (tomar) el sol en la playa, (16) _____ (leer) mis revistas de moda, (17) _____ (dormir) un poco y (18) _____ (hablar) con todos los chicos guapos.

BETI: ¿(19) _____ (Hacer) eso todos los días? ¿No te (20) _____ (aburrir)? ¿Tú nunca (21) _____ (variar) tu rutina?

NATI: Bueno, sí... cuando yo (22) _____ (conocer) a un chico guapo, yo siempre lo (23) _____ (invitar) a tomar una limonada.

BETI: ¡Perezosa!

NATI: Sí, ¡pero muy contenta!

ACTIVIDAD 8. Preferencias alimentarias. Completa la siguiente historia con las formas correctas del imperfecto.

Hoy tengo un regimen más saludable, pero cuando yo (1) _____ (tener) diez años, (2) _____ (comer) muy mal. Mis padres siempre (3) _____ (preparar) platos nutritivos, pero yo (4) _____ (preferir) comer comida rápida todo el día. Yo (5) _____ (desayunar) con pizza fría que mi hermano y yo (6) _____ (comer) con mucho gusto. Luego, yo (7) _____ (almorzar) en la cafetería de la escuela. Casi siempre (8) _____ (pedir) una hamburguesa con papas fritas y un refresco. Después de la escuela (9) _____ (sentarse) frente a la televisión con mis amigos y todos (10) _____ (comer) galletas. Para la cena, mi familia (11) _____ (mirar) con horror mientras yo (12) _____ (dejar) los vegetales en mi plato y (13) _____ (concentrarse) en las papas fritas y el pan. Todos siempre (14) _____ (pedir) postre, pero yo sólo (15) _____ (comer) las cosas más dulces; no me (16) _____ (gustar) las frutas. Después de muchos años de comer muy mal, (17) _____ (empezar) a sentirme mal. Decidí que (18) _____ (ir) a cambiar mi rutina diaria. Ahora me siento mejor, ¡pero todavía pienso en esos días con un poco de nostalgia!

ACTIVIDAD 9. Cuando tenía diez años... Contesta las siguientes preguntas sobre tus preferencias alimentarias cuando tenías diez años. Escribe oraciones completas.

1. ¿Cuál era tu comida preferida?

   _____

2. ¿Qué comida no te gustaba nada?

   _____

3. ¿Desayunabas todos los días? ¿Qué comías?

   _____

4. ¿Comías comida saludable o comida rápida?

   _____

5. ¿Siempre tenías mucha hambre o no?

   _____

6. ¿Te gustaba picar entre comidas (*to snack between meals*)? ¿A qué hora comías más o a qué hora tenías más hambre?

   _____

7. ¿Te gustaban distintos tipos de comida o sólo unos cuantos tipos? ¿Era difícil encontrar comidas que te gustaban?

   _____

   _____

Talking about the past: Choosing between the preterite and the imperfect tenses

ACTIVIDAD 10. La cena orgánica. Completa la siguiente historia con la forma correcta del verbo indicado, usando el pretérito o el imperfecto, según el contexto.

Los viernes mi compañero de cuarto y yo (1) _____ (ir) de compras. No (2) _____ (haber) comida en casa y (3) _____ (nosotros-tener) mucha hambre. En esa época Luis (4) _____ (seguir) una dieta macrobiótica, pero yo (5) _____ (comer) todo tipo de comida, incluso la comida rápida. Mientras nosotros (6) _____ (caminar) a la tienda de comida orgánica, Luis (7) _____(decir), «¿Por qué no tratas de comer alimentos un poco más saludables? Antes, yo siempre (8) _____ (estar) enfermo, pero una vez que yo (9) _____ (cambiar) la dieta, (10) _____ (empezar) a sentirme mucho mejor.» Yo (11) _____ (querer) decirle que a mí no me (12) _____ (gustar) mucho los vegetales y granos integrales, pero sólo (13) le _____(decir), «Bueno, a ver si me gusta o no». Nosotros (14) _____ (llegar) a la tienda y Luis (15) _____ (comprar) varios alimentos orgánicos. Los (16) _____ (nosotros-llevar) a casa y Luis nos (17) _____ (preparar) un guisado de frijoles, arroz y vegetales. Unos amigos (18) _____ (venir) a cenar y todos (19) _____ (comer) el guisado. Yo le dije a Luis que el guisado (20) _____ (estar) muy rico, pero en realidad, yo no (21) _____ (comer) mucho. Unas horas después, yo (22) _____ (tener) hambre otra vez. (23) _____ (Salir) sin decirle nada a Luis y (24) _____ (ir) a comer una hamburguesa en un restaurante cercano. Después yo (25) _____ (estar) satisfecho, pero (26) _____ (tener) un poco de vergüenza. ¡Voy a preparar la cena la próxima vez!

ACTIVIDAD 11. ¿Qué pasó? Indica qué tiempo hacía o qué hacían las personas indicadas cuando ocurrieron las siguientes acciones. Usa las formas correctas del pretérito y del imperfecto. Sigue los modelos.

Modelos: llover / empezar el partido de béisbol
Llovía cuando empezó el partido de béisbol.

(mis padres) cenar / (mi hermano) llamar por teléfono
Mis padres cenaban cuando mi hermano llamó por teléfono.

1. nevar / (yo) ir de compras

_____

2. (mi compañera de cuarto) leer / (yo) volver de las clases

_____

3. hacer mucho frío / (nosotros) entrar al restaurante

_____

4. (mis amigos) bailar / (yo) salir de la fiesta

_____

5. (tú y yo) mirar el programa de cocina / llegar la pizza

_____

6. (yo) tener mucho sueño / (yo) levantarse esta mañana

_____

ACTIVIDAD 12. Preguntas personales.   Contesta las siguientes preguntas, usando el pretérito y el imperfecto apropiadamente.

1. ¿Qué hacías la última vez que alguien te llamó por teléfono? ¿Quién te llamó? ¿De qué hablaron?

_____

_____

2. ¿Cuándo fue la última vez que fuiste a un restaurante elegante? ¿Cómo era el restaurante? ¿Con quién fuiste? ¿Qué pidieron? ¿Les gustó la comida y el servicio?

_____

_____

_____

3. ¿Qué pasó la última vez que preparaste una comida en casa? ¿Resultó bien o mal? ¿Estabas satisfecho(a) con el resultado? ¿Quién la comió? ¿Qué más había para comer?

_____

_____

_____

4. ¿Fuiste de compras esta semana? ¿Qué compraste? ¿A qué tipo de tienda fuiste? ¿Cómo era? ¿Qué tipos de productos vendían allí?

_____

_____

_____

5. ¿A qué restaurantes ibas cuando tenías dieciséis años? ¿Con quién o con quiénes ibas? ¿Qué pedías generalmente? ¿Siempre pedías lo mismo? ¿Alguna vez pediste otra cosa? ¿Qué pediste?

_____

_____

_____

6. ¿Qué tiempo hacía la semana pasada? ¿Qué hiciste al aire libre *(outdoors)*? ¿Pudiste ir al parque? ¿Saliste a caminar o a hacer ejercicio? ¿Afectó el tiempo tus actividades?

_____

_____

_____

Avoiding repetition: Double object pronouns

ACTIVIDAD 13. En el café. Marcos y Marta se reúnen para tomar café en el café cerca de la universidad. Tienen las mismas clases y están revisando una lista de cosas que tienen que hacer. Completa su conversación, usando pronombres de complemento directo e indirecto en lugar de las palabras en negrilla.

MARCOS:	Bueno. A ver... Tengo que darle **los apuntes** de la clase de cálculo **a Susana**.
MARTA:	Ya (1) _____ _____ di. ¿Todavía tienes **la computadora portátil de Marilena**?
MARCOS:	Ah, sí. Sí, (2) _____ _____ tengo que devolver esta tarde. ¿Y les diste **los informes a los profesores Suárez y García**?
MARTA:	Cómo no. (3) _____ _____ di esta mañana. Me dieron **unos libros nuevos** también.
MARCOS:	Muy bien. (4) ¿_____ _____ prestas (*to lend*) **a mí** por unos días?
MARTA:	Claro. También tengo **nuestras cámaras digitales** para la clase de fotografía. Emilio (5) _____ _____ trajo esta mañana.
MARCOS:	¡Perfecto! Y mira, compré el **papel** para imprimir que **tú** me pediste. (6) _____ _____ compré esta mañana.
MARTA:	¡Ay, gracias, Marcos! Y estas **galletas** son para **ti**. (7) _____ _____ preparé esta mañana.

ACTIVIDAD 14. El nuevo camarero. El Restaurante El Pollo Supremo tiene un nuevo camarero. Una compañera de trabajo trata de ayudarle y le pregunta si ha hecho (*has done*) varias cosas. Sigue el modelo para contestar sus preguntas.

Modelo: — ¿Ya les diste los menús a los clientes de la mesa del centro?
                — *Sí, ya se los di.*

1. ¿Ya le llevaste los pedidos al chef?

_____

2. ¿Ya les serviste el vino a los clientes de esa mesa?

_____

3. ¿Ya le indicaste los ingredientes especiales al chef para ese cliente?

_____

4. ¿Ya les diste el menú del día a los otros camareros?

_____

5. ¿Ya te compraste el uniforme nuevo?

_____

6. ¿Ya le escribiste unas sugerencias al chef?

_____

7. ¿Ya te pagaste tu parte de las propinas?

_____

8. ¿Ya me diste las gracias?

_____

ACTIVIDAD 15.   ¿Para mí? Mira los dibujos. Primero escribe una pregunta usando las palabras indicadas. Luego escribe oraciones completas con pronombres de complemento directo e indirecto que describan los regalos que dieron y recibieron las personas indicadas.

Modelos:

regalar un disco compacto a Guillermo
¿Quién le regaló un disco compacto (a Guillermo)?
Gregorio se lo regaló.

regalar un disco compacto a Gregorio
¿Quién le regaló un disco compacto (a Gregorio)?
Guillermo se lo regaló.

Guillermo   Gregorio

tú   nosotros

1. dar unos libros de cocina a ti

_____

Nosotros _____.

2. hacer un pastel de chocolate para nosotros

_____

Tú _____.

3. regalar un collar de plata a mí

_____

Magda y Sonia _____.

4. traer una botella de vino a Magda y Sonia

_____

Yo _____.

Magda y Sonia   Yo

señor Flores   Linda y Laura

5. dar unas frutas tropicales al señor Flores

_____

Linda y Laura _____.

6. traer unos tomates frescos a Linda y Laura

_____

El señor Flores _____.

Indicating for whom actions are done and what is done routinely: The uses of **se**

ACTIVIDAD 16. Letreros. Completa los siguientes letreros con **se** y la forma correcta de uno de los verbos indicados.

Verbos: buscar, preparar, hablar, hacer, reparar, servir, vender

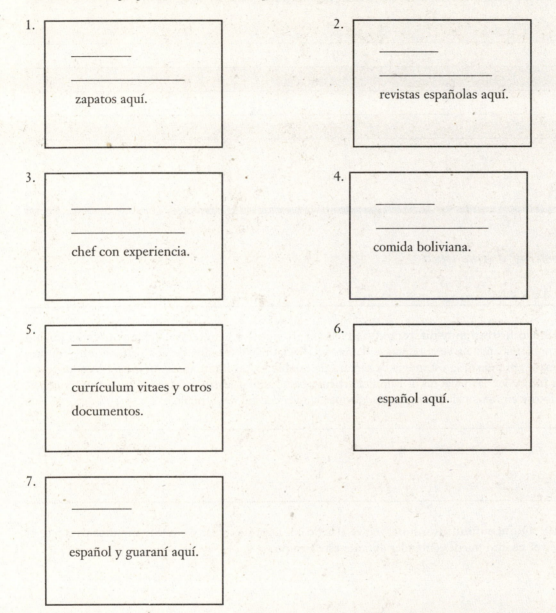

1.
_____
_____
zapatos aquí.

2.
_____
_____
revistas españolas aquí.

3.
_____
_____
chef con experiencia.

4.
_____
_____
comida boliviana.

5.
_____
_____
currículum vitaes y otros
documentos.

6.
_____
_____
español aquí.

7.
_____
_____
español y guaraní aquí.

ACTIVIDAD 17. Mis recomendaciones. Escribe cinco sugerencias para visitantes a tu ciudad. Sigue los modelos. Puedes usar las ideas de la lista u otras.

Modelos: *Se come muy bien en el restaurante La Paloma.* O:
            Se baila en el Club Vanidades los viernes.

Ideas posibles: comer (bien, barato, saludable), bailar, dormir (bien, barato), jugar, pagar muy poco / mucho, pasarlo bien, etc.

1. _____

2. _____

3. _____

4. _____

5. _____

A LEER

Estrategia: Setting a time limit

Antes de leer

ACTIVIDAD 18. Un festival muy diferente. Vas a leer un artículo sobre un festival del tomate en un pueblo pequeño de Valencia, España. La celebración se llama "La Tomatina" y termina de una manera muy cómica. En tu libro de texto, aprendiste la estrategia de lectura de establecer un límite de tiempo para leer un texto. Primero, mira la foto y lee las palabras al lado del artículo para familiarizarte con las frases que no conoces. Basándote en la foto y en estas palabras, ¿puedes adivinar la idea central del artículo?

_____

_____

Lectura

ACTIVIDAD 19. Quince minutos. Ahora, vuelve al artículo. Date un límite de quince minutos para leer el artículo. Trata de ver cuánto puedes entender durante este tiempo.

Un año más a 'tomatazo limpio' en Buñol

BUÑOL, Comunidad Valenciana (Reuters) – La mayor lucha[1] de comida del mundo pintó la ciudad de Buñol el miércoles de un color rojo intenso cuando 35.000 personas se lanzaron[2] unos a otros 120 toneladas de tomates maduros en el festival anual de la 'Tomatina'.

Durante una hora frenética, la calle central de la pequeña localidad valenciana se transformó en un cuadro[3] impresionista gracias a las miles de frutas que se lanzaron los participantes de esta particular tradición. Los habitantes del pueblo y los visitantes que llegan de todas partes de España y del globo, terminan sumidos[4] en una piscina de zumo[5] de tomate que es lo que le da el nombre de la 'Tomatina' a esta celebración.

"Éste es probablemente el lugar más loco de todo el mundo en este momento", decía Paul Vandergraaf, un estudiante estadounidense de 21 años directamente venido de St. Louis, en el el estado de Missouri, mientras trataba de recobrar el aliento[6] y le caían de sus rizos[7] unos 'churretes'[8] de tomate.

"Me hice la promesa de venir aquí al menos una vez. Es asombroso[9]", añadió el joven.

Al borde del mediodía, un cohete[10] da la señal para la salida de la procesión de seis camiones[11] cargados con 20 toneladas de tomates cada uno. Los camiones, con las montañas inmensas de tomates, son invadidos por bandadas de gente con ganas de fiesta que cogen las hortalizas[12] y comienzan a lanzarlas en todas direcciones.

"Los españoles sí que saben cómo divertirse. ¿Dónde más en el mundo puedes tener una lucha de comida cuando tienes veintitantos[13]?", decía Ben Turner, un chico de 26 años de Melbourne, mientras nadaba en una piscina de tomate triturado[14].

Los habitantes de Buñol dicen que la Tomatina, una ceremonia que supone la clausura[15] de un festival de una semana de largo en la localidad valenciana que está situada a 375 kilómetros de Madrid, comenzó cuando se desató[16] una batalla espontánea entre un grupo de jóvenes que estaban almorzando en la diminuta Plaza de la Gente en 1945.

[1]lucha: batalla;
[2]se lanzaron: *threw;*
[3]cuadro: pintura;
[4]sumidos: *submerged;*
[5]zumo: jugo;
[6]recobrar el aliento: *catch his breath;* [7]rizos: *curls;*
[8]churretes: *dirty drips;*
[9]asombroso: *astonishing;*
[10]cohete: *rocket;*
[11]camiones: *trucks;*
[12]cogen las hortalizas: *grab the produce;* [13]veintitantos: *"twenty-something";*
[14]triturado: *crushed;*
[15]supone la clausura: *signals the closing;*
[16]desató: empezó

Después de leer

ACTIVIDAD 20. ¿Qué comprendiste? Indica si las siguientes oraciones sobre el artículo son **ciertas (C)** o **falsas (F)**. Si no sabes unas de las respuestas, marca la oración con una X y pasa a la próxima.

____   1.   La celebración se llama "La Tomatina".

____   2.   Se celebra en un pequeño pueblo español en la región de Cataluña.

____   3.   Se usan 120 toneladas (240.000 libras) de tomates.

____   4.   Un cohete señala el comienzo de la batalla.

____   5.   La celebración es popular entre los jóvenes.

____   6.   La celebración sólo les interesa a los españoles.

____   7.   El origen del festival data del año 1945.

____   8.   Buñol está situado a unos 200 kilómetros de Madrid.

ACTIVIDAD 21. Ojear para buscar las respuestas. Si no sabías las respuestas correctas para algunas de las oraciones de la **Actividad 20**, vuelve al artículo y ojéalo para buscar la información correcta.

ACTIVIDAD 22. ¿Qué piensas tú? Contesta las siguientes preguntas sobre el artículo.

1. ¿Te gusta la idea de participar en la celebración de La Tomatina? ¿Por qué sí o por qué no?

_____

_____

2. ¿Conoces a alguien que ha participado (*has participated*) en La Tomatina? ¿Lo pasó bien o mal?

_____

_____

3. ¿Puedes pensar en una celebración local en EEUU que también tiene un aspecto cómico? Descríbela.

_____

_____

_____

_____

A ESCRIBIR

Antes de escribir

Estrategia: Writing—Writing a paragraph

ACTIVIDAD 23. Una anécdota. Vas a escribir una historia corta sobre la comida. Escoge uno de los siguientes temas para tu historia.

1. El peor restaurante en el que he comido (*I have eaten*)

2. Mis experiencias culinarias en otra parte de EEUU

3. Una cena típica en familia

4. Mis experiencias trabajando en un restaurante

5. ¿ ... ?

ACTIVIDAD 24. Las etapas. Mira la estrategia de escribir en la página 291 de tu libro de texto para familiarizarte con la información. Luego elabora las etapas de tu historia en la siguiente tabla.

	Oración temática (que comunica la idea principal del párrafo)	**Detalles y ejemplos** que ilustran la oración temática
Párrafo 1: Comienzo / fondo (*background*) de la historia (Recuerda que se usa **el imperfecto** para describir.)		
Párrafo 2: La acción de la historia (Por lo general se usa el **pretérito** para relatar la acción de una historia. Se usa el **imperfecto** para describir las emociones de los participantes y los estados del pasado.)		
Párrafo 3: El fin de la historia y el resultado		

ACTIVIDAD 25. Una experiencia culinaria. Ahora escribe tu historia, basándote en la información que pusiste en la tabla de la **Actividad 24.** Escribe libremente, sin pensar demasiado en los errores.

Después de escribir

ACTIVIDAD 26. Otra vez. Ahora, mira tu historia. Usa la siguiente lista para ayudarte a revisarla.

- ¿Tiene tu historia toda la información necesaria?

- ¿Es interesante?

- ¿Usaste bien las formas del pretérito? ¿y del imperfecto?

- ¿Usaste pronombres de complemento directo e indirecto para eliminar la repetición?

- ¿Hay errores de ortografía?

CAPÍTULO 10

¿Cómo es tu casa?

¡IMAGÍNATE!

ACTIVIDAD 1. La casa. Escribe el nombre correcto de cada cuarto y/o artículo en el dibujo.

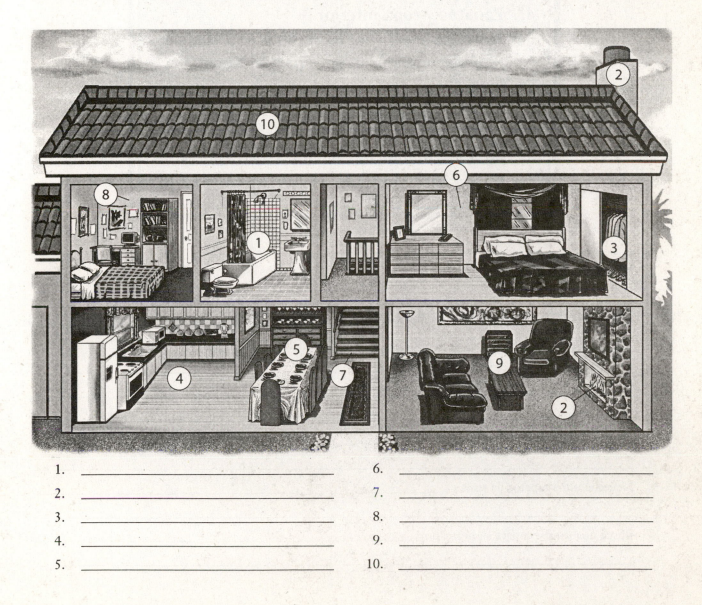

1. _____	6. _____
2. _____	7. _____
3. _____	8. _____
4. _____	9. _____
5. _____	10. _____

ACTIVIDAD 2. En el almacén. Ana está en el Almacén Supima haciendo las compras. Mira el directorio para indicar a qué piso va en cada situación. Sigue el modelo.

Modelo: Quiere comprarse una maleta nueva para las vacaciones.
Va al octavo piso.

¡Bienvenidos al Almacén Supima!

1: **Ropa y accesorios para damas**
2: **Ropa y accesorios para caballeros**
3: **Ropa de diseñador para damas, baño para damas**
4: **Zapatos y ropa interior**
5: **Aparatos electrónicos, baño para caballeros**
6: **Muebles y decoraciones para el hogar**
7: **Juguetes y regalos**
8: **Maletas y accesorios de viaje**
9: **Oficina de crédito, validación para el estacionamiento, servicios a los clientes**
10: **Café y restaurante**

1. Necesita comprar un regalo para su sobrino, que cumple dos años este fin de semana.

   _____

2. Quiere ver los nuevos estilos de decoración de casa. _____

   _____

3. Busca un asistente electrónico para su padre. _____

   _____

4. ¡Tiene hambre! _____

5. Quiere recibir crédito por un regalo que recibió. _____

   _____

6. Necesita unos zapatos de tenis. _____

   _____

7. Busca una camiseta para su hermano. _____

8. Quiere comprarle unos aretes a su mejor amiga. _____

_____

9. Necesita lavarse las manos. _____

_____

10. Busca una cartera de viaje. _____

_____

ACTIVIDAD 3. Una lista larga. Los padres de Silvano van de vacaciones por dos semanas. Dejan una lista larga de quehaceres para Silvano. Desafortunadamente, Silvano dejó la lista en el patio y la lluvia la dañó *(damaged it)*. Completa la lista con los quehaceres apropiados.

```
1. barrer _____
2. _____ los platos
3. _____ el baño
4. _____ los muebles
5. trapear _____
6. pasar _____
7. _____ el césped
8 _____ el reciclaje
9. regar _____
10. _____ al perro
11. _____ la basura
```

ACTIVIDAD 4. ¿En qué cuarto? Mira la lista de muebles, decoraciones y electrodomésticos y pon las palabras en la tabla, bajo el cuarto al que corresponden.

el abrelatas eléctrico / la cama / la cómoda / el cuadro / la estufa / la lavadora / el lavaplatos / la mesita de noche / la plancha / la secadora / el sillón / el sofá / el televisor / la tostadora

cocina	sala	dormitorio	lavandería

ACTIVIDAD 5. La casa de mi niñez. Escribe un párrafo corto describiendo la casa donde vivías cuando tenías diez años. ¿Cuántos cuartos tenía? ¿Qué había en el primer piso? ¿en el segundo piso? ¿Tenía sótano? ¿Qué muebles, decoraciones y electrodomésticos había? ¿Qué tenías en tu dormitorio?

_____

_____

_____

_____

_____

_____

_____

_____

_____

_____

_____

¡PREPÁRATE!

Expressing hopes and wishes: The subjunctive mood

ACTIVIDAD 6. Las opiniones. Conecta las frases a la izquierda y las frases a la derecha con una línea.

1. Mi madre quiere que yo…

2. Mis amigos sugieren que nosotros…

3. El profesor aconseja que los estudiantes nuevos…

4. Yo espero que tú…

5. Mis hermanos necesitan que mi mamá…

a. los ayude con los quehaceres.

b. puedas regar mis plantas.

c. prepare la comida hoy.

d. traigan una computadora portátil a la clase.

e. hagamos el reciclaje todas las semanas.

ACTIVIDAD 7. De compras. Malena y Margarita van a compartir un apartamento cuando empiecen las clases en el otoño. Están de compras, buscando las distintas cosas que necesitan para el apartamento. Hablan con un dependiente, que les sugiere varias cosas. Completa sus sugerencias, según el modelo.

Modelo: Necesitamos algo para calentar la comida.
                     Sugiero que compren un microondas.

1. Necesitamos algo para hacer el pan tostado.

   _____

2. A mí me gustan los licuados (*shakes*) de frutas.

   _____

3. Yo necesito un mueble para guardar la ropa.

   _____

4. Necesitamos algo de decoración para poner en la pared.

   _____

5. También necesitamos algo para planchar la ropa.

   _____

6. Y yo busco algo para poner una lámpara y un despertador al lado de la cama.

   _____

7. Necesitamos algo para poner en las ventanas.

   _____

8. Y también necesitamos algo para poner en el piso.

   _____

ACTIVIDAD 8. Todos quieren que... Escribe ocho oraciones completas, usando las palabras y frases de las cuatro columnas para expresar las expectativas que tiene la gente. No es necesario usar todas las palabras.

Modelo: *Mis padres insisten en que mis amigos no fumen en la casa.*

A	B	C	D
mis padres	querer	yo	ir a la fiesta
mis amigos	prohibir	nosotros	(no) fumar en la casa
mis profesores	permitir	tú	limpiar el baño
mi compañero(a) de cuarto	insistir en	mis amigos	estudiar más
yo	desear		salir a bailar
tú	recomendar		guardar la ropa
	sugerir		comer en clase
	pedir		lavar los platos
			tocar música
			preparar la cena
			llegar a casa después de medianoche
			¿...?

1. _____

2. _____

3. _____

4. _____

5. _____

6. _____

7. _____

8. _____

Emphasizing ownership: Stressed possessives

ACTIVIDAD 9. ¡Qué confusión! Completa la siguiente conversación con las formas posesivas correctas. Usa las palabras en negrilla para ayudarte.

RAÚL: ¿Sabes? Desde que nos mudamos de apartamento, no sé dónde están **mis cosas.** Sara, tú tienes tus cosas, pero ¿sabes dónde están (1) _____ _____?

SARA: ¿Y cómo voy a saber? ¡Con lo desordenado que está este apartamento...! Por ejemplo, estos **libros,** ¿son (2) _____?

RAÚL: No, no son (3) _____. Pregúntaselo a Teresa y a Elsa. Tal vez son (4) _____.

SARA: Bueno, a ver. Tengo todas mis cosas. Este **asistente electrónico** sí es (5) _____ _____, ¿pero no sabes dónde está (6) _____ _____?

RAÚL: ¡Por supuesto que no! ¡Por eso te lo estoy preguntando a ti!

SARA: Tranquilo, hombre. Voy a preguntarle a Mario, a ver si tiene (7) _____ _____.

RAÚL: Bueno, por lo menos tenemos tres **computadoras portátiles**... bastante para abrir una

tienda pequeña, ¿no? Tú y yo estamos bien porque aquí está (8) _____

_____.

SARA: Sí, es (9) _____ _____. Y la anaranjada es de Tere, estoy

segura. Pero, ¿de quién es la otra?

RAÚL: Voy a hablar con Marcos, porque creo que es (10) _____.

SARA: Oye, ¡qué confusión! ¡No vamos a cambiar de apartamento nunca jamás!

ACTIVIDAD 10. El último día de clases. Enseñas en una escuela para niños. Hoy es el último día de clases y les preguntas a los niños si los siguientes objetos son suyos. Da las respuestas de los niños, según la lista de objetos a continuación. Sigue los modelos.

Modelos: Graciela, ¿es el cuaderno amarillo de Ignacio?
Sí, es suyo.

Graciela, ¿es tuyo el cuaderno amarillo?
No, no es mío.

Lista:

la mochila verde (Graciela)   los guantes de béisbol (Hernán)
el cuaderno amarillo (Ignacio)   los calcetines blancos (Juana)
los suéteres azules (Lorenzo y Laura)   las pelotas de tenis (Marcos y Nuria)
el paraguas (Osberto)   las botas (Penélope)

1. Juana, ¿son tuyas las pelotas de tenis?

_____

2. Hernán, ¿son tuyos los guantes de béisbol?

_____

3. Osberto, ¿es tuyo el paraguas?

_____

4. Penélope, ¿es el paraguas de Osberto?

_____

5. Ignacio, ¿son tuyos los calcetines blancos?

_____

6. Lorenzo y Laura, ¿son suyos los suéteres azules?

_____

7. Juana, ¿son tuyos los calcetines blancos?

_____

8. Penélope, ¿son tuyas las botas?

_____

9. Laura, ¿son las pelotas de tenis de Marcos y Nuria?

_____

10. Ignacio, ¿de quién es el cuaderno amarillo?

_____

ACTIVIDAD 11. Arreglando la casa. Quieres poner las cosas indicadas en los dormitorios correctos. Indica a quién o a quiénes pertenecen (*belong*) las cosas indicadas. Sigue el modelo.

Modelo: los zapatos rojos / Marta (sí)
              ¿Los zapatos rojos son de Marta?
              Sí, son suyos.

1. la computadora portátil / Alejandro (no)

    _____

    _____

2. los libros de biología / Beatriz y Carlota (sí)

    _____

    _____

3. la chaqueta de cuero / Delfina (no)

    _____

    _____

4. el cuaderno electrónico / usted (sí)

    _____

    _____

5. las mochilas / ustedes (no)

    _____

    _____

6. los discos compactos / Ernestina y Federico (sí)

    _____

    _____

Expressing ongoing events and duration of time: **Hace / Hacía** *with time expressions*

ACTIVIDAD 12. Los equivalentes. Conecta las oraciones a la izquierda y sus equivalentes en inglés a la derecha con una línea.

1. ¿Cuánto tiempo hace que no sacudes los muebles?

2. ¿Cuánto tiempo hace que sacudes los muebles?

3. Hace tres días que vivimos en este apartamento.

4. Hace tres días que nos mudamos a este apartamento.

5. Hace tres días que no salimos de este apartamento.

6. Hacía tres días que vivíamos en este apartamento.

a. *We have been living in this apartment for three days.*

b. *How long has it been since you dusted the furniture?*

c. *We had been living in this apartment for three days.*

d. *How long have you been dusting the furniture?*

e. *We moved to this apartment three days ago.*

f. *We have not left this apartment in three days.*

ACTIVIDAD 13. **¿Entendiste bien?** Para cada pregunta, escoge la mejor respuesta.

1. ¿Cuánto tiempo hace que regaste las plantas?
   a. Hace dos días que riego las plantas.
   b. Hace dos días que regué las plantas.
   c. Hacía dos días que regaba las plantas.

2. ¿Cúanto tiempo hace que hiciste los quehaceres?
   a. Hace dos horas que los hago.
   b. Hacía dos horas que los hacía.
   c. Los hice hace dos horas.

3. ¿Cuánto tiempo hace que sacaste a pasear al perro?
   a. Hace seis horas que no lo saco.
   b. Hacía seis horas que no lo sacaba.
   c. Hace seis horas que lo saco.

4. ¿Cuánto tiempo hacía que Uds. no preparaban la comida?
   a. Hace dos días que preparo la comida.
   b. Hace dos días que no preparábamos la comida.
   c. Hace dos días que estamos preparando la comida.

5. ¿Cuánto tiempo hace que planchaste la ropa?
   a. Hacía una semana que no planchaba la ropa.
   b. Hace una semana que estoy planchando la ropa.
   c. Hace una semana que no plancho la ropa.

6. ¿Cuánto tiempo hace que trapeaste el piso?
   a. Hace dos semanas que trapeé el piso.
   b. Hace dos semanas trapeo el piso.
   c. Hacía dos semanas que trapeaba el piso.

ACTIVIDAD 14. **Preguntas personales.** Contesta las siguientes preguntas en oraciones completas.

1. ¿Cuánto tiempo hace que vives en tu apartamento, casa o residencia?

   _____

2. Antes de mudarte allí, ¿cuánto tiempo hacía que vivías en tu última residencia?

   _____

3. ¿Cuánto tiempo hace que pasaste la aspiradora?

   _____

4. ¿Cuánto tiempo hace que tú y tu compañero(a) de cuarto no sacuden los muebles?

   _____

5. ¿Cuánto tiempo hace que conoces a tu compañero(a) de cuarto?

   _____

6. ¿Cuánto tiempo hace que tú y tu compañero(a) de cuarto tuvieron una fiesta en casa?

   _____

7. Piensa en la casa dónde vivías cuando tenías diez años. Cuando tenías diez años, ¿cuánto tiempo hacía que vivías en esa casa?

   _____

*Choosing between **por** and **para***

ACTIVIDAD 15. Lo que falta para hacer. Anita salió de vacaciones por dos semanas. Dejó una nota para su compañera de cuarto, indicando qué hizo y qué no hizo antes de salir. Completa la nota con **por** o **para**, según la situación.

Hola Concha,

Limpié la casa (1) _____ tres horas, pero no pude hacerlo todo, y ya es hora (2) _____ salir. (3) _____ eso, te dejo esta notita. (4) _____ favor, si puedes hacer unos quehaceres (5) _____ mí, ¡te lo agradezco muchísimo!

El plomero viene mañana (6) _____ reparar el baño. Este cheque es (7) _____ el. Ya hablamos (8) _____ teléfono y él sabe todo lo que necesita hacer. Viene (9) _____ la mañana, pero no me dijo la hora exacta.

Además, tenemos que pagar el alquiler (10) _____ el viernes. Si recuerdas, también tengo unos tomates (11) _____ la Señora Guzmán, si se los puedes llevar con el cheque.

Creo que eso es todo... (12) ¡_____ fin! Ay, no. ¡Recuerdas que viene de visita mi prima Elena? Viaja (13) _____ tren y necesita que alguien venga (14) _____ ella a la estación de trenes el jueves a las once. ¿Puedes hacerlo?

¡Mil gracias (15) _____ todo! Sabes que voy a traer un regalo especial (16) _____ ti, ¿verdad? ¡Gracias y gracias otra vez!

Un abrazo,
Anita

ACTIVIDAD 16. El apartamento de Enrique. Enrique tiene un apartamento nuevo. Unos amigos están llevando sus cosas al apartamento porque él está enfermo. Completa sus comentarios con **por** o **para**, según el modelo.

Modelo: esta lámpara es / la sala
Esta lámpara es para la sala.

1. la mesa es / el comedor

   _____

2. tenemos que llevar todas sus cosas / las 5:00

   _____

3. Enrique está preocupado / todo el trabajo que tenemos que hacer

   _____

4. Enrique tuvo que pagar $500 / asegurar (*to insure*) el apartamento

   _____

5. empacamos sus cosas en cajas (*boxes*) / tres horas esta mañana

   _____

6. hacemos este favor / Enrique porque él está enfermo

   _____

7. Enrique pagó $200 / esta alfombra

   _____

8. Es mucho dinero / pagar por una alfombra

   _____

ACTIVIDAD 17. Cómo pasé el día. Escribe cinco oraciones que describen lo que hiciste ayer, usando frases con **por** y **para**.

Frases posibles: por el parque, para mi amigo(a), para estudiante, por ejemplo, para la universidad, por dos horas, por bicicleta, por el examen, por la tarde, por la mañana, para la próxima semana, por fin, ¿para...?, ¿por...?

1. _____
2. _____
3. _____
4. _____
5. _____

A LEER

Antes de leer

ACTIVIDAD 18. Un poema más. Vas a leer otro poema del poeta nicaragüense, José Colonel Urtecho. Mira su poema en la página 329 de tu libro de texto. Basándote en el tema del poema, ¿puedes adivinar (*to guess*) cuál va a ser el tema del siguiente poema?

Lectura

ACTIVIDAD 19. La rima y la repetición. Repasa la estrategia de leer en la página 327 de tu libro de texto. Mientras lees el siguiente poema, completa la tabla.

Cinco pares de palabras que riman	Cinco palabras o frases que se repiten

Idilio en cuatro endechas[1]

I
De nuevo[2]. Sí. De nuevo
siento que voy, que llevo.

En el tren, en los trenes,
siento que vas, que vienes.

Inútil[3] preguntar
a la tierra, a la mar,
a la estrella polar.

Ni la arena, ni la espuma, ni la estrella
darán razón[4] de ti. De ella.
Pero te esperaré[5]. Te espero en las esquinas,
a ver si vas, si ves, si lo adivinas.

[1]**endechas:** *a quatrain with lines of six or seven syllables;* [2]**De nuevo:** Otra vez; [3]**Inútil:** *Useless;* [4]**darán razón:** *will give an account, reason;* [5]**te esperaré:** te voy a esperar

II

Te quiero
en diciembre, en enero.
Te quiero día a día, el año entero.

Te quiero
bajo el naranjo y bajo el limonero[6].

III

Ya parece que sí, que te das, que te entregas[7].
Pero te busco a tientas, busco a ciegas[8],
busco dónde no estás, donde no llegas.

Tus manos[9] en mis manos, tiemblan[10] de frío.
¿En dónde está tu corazón[11], en dónde el mío?
En tu abandono estás desfallecida[12]
¿Qué se hizo tu sangre[13], tu vida?

No sabes tú, no quieres
saber quién soy, quién eres.

Despierta. Escucha, escucha lo que digo,
lejos estás de mí si estás conmigo.

IV

Olvida
mi vida, tu vida.
Mira que día nuevo
es tiempo de relevo[14]
y deber militar.

Vienen tiempos de guerra[15]
y de sangre en la tierra,
en el aire, en el mar.

Deja el recuerdo perdido
en el mar del olvido.

Deja el recuerdo en el mar.

Mira que tú has nacido[16]
sólo para el olvido
Sólo para llorar.

Olvidar y llorar en el mar.

[6]**limonero:** *lemon tree*; [7]**que te das, que te entregas:** *that you surrender yourself*; [8]**a tientas... a ciegas:** *gropingly. . . blindly*; [9]**manos:** *hands*; [10]**tiemblan:** *tremble*; [11]**corazón:** *heart*; [12]**desfallecida:** *weak, faint*; [13]**sangre:** *blood*; [14]**relevo:** *relief (military)*; [15]**guerra:** *war*; [16]**nacido:** *born*

ACTIVIDAD 20. ¿Comprendiste? Contesta las siguientes preguntas sobre el poema.

1. ¿Cuál de las siguientes oraciones mejor expresa la idea central del poema?
    a. Al autor y a su enamorada les gusta viajar por tren.
    b. El autor no está seguro de que su enamorada lo quiera, pero espera su respuesta.
    c. La enamorada del autor no sabe que él la quiere porque ella nunca está.

2. ¿Es optimista o pesimista la actitud del poeta en las partes I y II? ¿Por qué?

   _____

   _____

3. ¿Es optimista o pesimista la actitud del poeta en las partes III y IV? ¿Por qué?

   _____

   _____

4. ¿Te gusta el poema? ¿Por qué sí o no?

   _____

   _____

ACTIVIDAD 21. Analizar el poema. Escoge una parte del poema y léela en voz alta. Luego contesta las siguientes preguntas.

1. ¿Hay muchas palabras que riman?

   _____

2. ¿Qué sonidos o palabras se repiten? ¿Qué efecto tiene esta repetición?

   _____

   _____

3. El poeta usa los símbolos de la mar y de la estrella polar. ¿Qué significan estos dos símbolos, en tu opinión?

   _____

   _____

A ESCRIBIR

Antes de escribir

ACTIVIDAD 22. Mi composición. Mira la composición que escribiste para el **Capítulo 9** (página 138) de este cuaderno de práctica. Vas a revisar esta composición para crear transiciones entre los párrafos. Mira tu composición y copia las oraciones indicadas en las siguientes líneas.

   Última oración del Párrafo 1: _____

   _____

Primera oración del Párrafo 2: _____

_____

Última oración del Párrafo 2: _____

_____

Primera oración del Párrafo 3: _____

_____

Estrategia: Writing—Adding transitions between paragraphs

You have learned how to write paragraphs that contain a topic sentence and supporting detail. Often the shift from one paragraph to another may sound choppy without transition words and phrases that make a link (**enlace**) between the content of the two paragraphs. Sometimes it is necessary to write an opening transition sentence for a new paragraph that is then followed by the topic sentence. Here are some Spanish words and phrases to help you improve the flow between paragraphs.

De este modo...	*In this way . . .*
Por eso...	*Because of this . . .*
Así resultó que...	*So, it turned out that . . .*
Primero, segundo / luego, tercero / entonces, por fin	*First, second / later, third / then, finally*
Afortunadamente...	*Fortunately . . .*
Desgraciadamente...	*Unfortunately . . .*
Un rato después...	*A while later . . .*
Sin decir demasiado...	*Without saying too much . . .*

Escritura

ACTIVIDAD 23. Los enlaces entre párrafos. Ahora, vuelve a las oraciones que escribiste para la **Actividad 22.** Escribe enlaces entre los párrafos.

Enlace entre Párrafo 1 y Párrafo 2: _____

_____

_____

Enlace entre Párrafo 2 y Párrafo 3: _____

_____

_____

Después de escribir

ACTIVIDAD 24. Otra vez. Ahora vuelve a escribir la composición completa y añade tus nuevos enlaces. Usa la siguiente lista para ayudarte a redactarlos y para revisar la composición entera otra vez.

- ¿Ayudan los enlaces a clarificar la transición entre los párrafos?

- ¿Usaste algunas de las palabras y expresiones de la lista para los enlaces?

- ¿Es interesante la historia? ¿Hay algo que no es necesario? ¿Hay algo que falta (is missing)?

- ¿Usaste pronombres de complemento directo e indirecto para eliminar la repetición?

- ¿Usaste bien las formas posesivas?

- ¿Usaste por y para correctamente?

- ¿Hay errores de ortografía?

CAPÍTULO 11

¿Qué quieres ver?

¡IMAGÍNATE!

ACTIVIDAD 1. Las categorías. Pon las siguientes palabras y frases del vocabulario en la categoría correcta de la tabla. Algunas de ellas pueden ponerse en más de una categoría.

el cable / cambiar el canal / los dibujos animados / el documental / el episodio / la escultura / el espectáculo / el musical / la música pop / las noticias / la obra teatral / la pintura / el rap / el R & B

television / cine	música	arte y cultura

ACTIVIDAD 2. ¿Cuándo te gusta ver...? Mira los distintos tipos de entretenimiento indicados. Para cada tipo, indica cuándo tienes ganas de verlo. (Si nunca tienes ganas de ver un tipo, dilo.)

Modelo: un programa de deportes
                       Tengo ganas de ver un programa de deportes cuando los Juegos
                       Olímpicos se transmiten en la televisión. O:
                       Nunca tengo ganas de ver un programa de deportes.

Situaciones posibles: cuando estoy cansada, con un grupo de amigos, cuando estoy con mi novio(a), cuando cuido a mis sobrinos jóvenes, cuando estoy un poco triste, cuando estoy muy contento(a), cuando estoy aburrido(a), cuando estoy estresado(a), cuando viene un grupo profesional a mi ciudad, ¿...?

1. una telenovela

    _____

2. una película de terror

    _____

3. una obra de ópera

    _____

4. un documental

    _____

5. los dibujos animados

    _____

6. un concierto de rap

    _____

7. una comedia romántica

    _____

8. las noticias

    _____

ACTIVIDAD 3. ¿Qué deben hacer? Lee las siguientes situaciones y luego decide qué deben hacer en cada situación. Escribe una oración completa para cada situación. Si necesitas ayuda, mira las palabras de la lista de vocabulario en tu libro de texto.

1. MÓNICA: Ay, no me gusta este programa. ¡Es aburridísmo!

    ALBERTO: Tienes razón. No quiero verlo tampoco.

    _____

2. MARCOS: Quiero ver esa película, pero no sé si es buena o no.

    PABLO: Yo no sé tampoco... y no me gusta pagar ocho dólares para ver una película malísima.

    _____

3. SRA. SUÁREZ: Querido, los niños quieren ver la nueva película de terror, pero no sé si es demasiado violenta.

    SR. SUÁREZ: Bueno, tal vez sí son demasiado jóvenes... No estoy seguro.

---

4. SILVIA: Ay, me gustaría ver ese programa, pero juego tenis a esa hora.

    FERNANDO: Sí, a mí me interesa también, pero tengo una cita con el médico.

---

5. JAVIER: ¡Qué lío! ¡La recepción de nuestro televisor es fatal! ¡No puedo ver nada!

    ANITA: Uy, tienes razón. Es imposible conseguir una imagen clara.

---

6. SEBASTIÁN: Hay un programa nuevo que quiero ver, pero no sé a qué hora lo transmiten.

    MARTÍN: ¿Es el nuevo programa de concursos? Creo que es el jueves por la noche, pero no estoy seguro.

ACTIVIDAD 4.   **El mes pasado.** Escribe un párrafo corto describiendo qué películas, programas de televisión, conciertos, exhibiciones y espectáculos viste durante el mes pasado. ¿Dónde los viste? ¿Te gustaron? ¿Cómo fue la reacción crítica?

_____

_____

_____

_____

_____

_____

_____

_____

_____

_____

_____

_____

_____

_____

_____

_____

¡PREPÁRATE!

SMARTHINKING.com

for clarification or help with grammar concepts, contact a Smarthinking e-tutor at www.smarthinking.com.

Expressing emotion and wishes: The subjunctive with impersonal expressions and verbs of emotion

ACTIVIDAD 5. El fin de semana de Susana. Susana describe sus planes para el fin de semana. Completa su narración con la forma correcta del verbo indicado.

Tengo mucho que hacer este fin de semana. Me alegro de que (1)_____ (nosotros-tener) planes —¡el último fin de semana no hice nada! Creo que es importante que mis amigos y yo (2)_____ (salir) para divertirnos... si no, pasamos todo el fin de semana estudiando. Bueno, me encanta que todos mis amigos (3)_____ (querer) ir al cine. Ojalá que la película que escojamos (4)_____ (ser) una comedia romántica, no me gustan las películas de acción. Siento que las entradas del cine (5)_____ (costar) tanto, pero de todos modos, es una diversión buenísima. Luego, espero que nosotros (6)_____ (poder) conseguir entradas al concierto de Los Hombres X. Es importante que (7)_____ (yo-llegar) temprano a la taquilla (*box office*), porque tengo miedo de que todos los boletos se (8)_____ (vender) rápidamente. Espero que (9)_____ (quedar) unos boletos que no (10)_____ (ser) demasiado caros. Después del concierto, espero que (11)_____ (nosotros-ir) a comer en un restaurante nuevo en el centro. Estoy muy contenta de que nosotros (12)_____ (comer) allí, porque dicen que es muy bueno. Es una lástima que no (13)_____ (haber) más restaurantes buenos aquí. Me sorpende que no (14)_____ (abrir) unos nuevos.

ACTIVIDAD 6. Mi reacción. Da tu reacción a los siguientes comentarios, usando las expresiones indicadas. Puedes usar las expresiones de la lista tantas veces como quieras.

Expresiones posibles: me encanta que / estoy contento(a) de que / no me gusta que / me molesta que / me sorprende que / siento que / temo que / espero que

Modelo: No hay muchas películas de ciencia ficción en los cines.
Me sorprende que no haya muchas películas de ciencia ficción en los cines.

1. Casi todos los nuevos programas de televisión son programas de concursos.

   _____

2. Hay muchísmos grupos nuevos de música rock cada año.

   _____

3. Unos actores de cine reciben veinte millones de dólares por película.

   _____

4. Muchos discos compactos de música rap y rock llevan un mensaje que recomienda discreción a causa del contenido.

   _____

5. Puedes ver programas de todo el mundo con televisión de satélite.

_____

ACTIVIDAD 7. Los programas de televisión. Siempre hay mucha controversia sobre los programas de televisión. Da tus opiniones usando los temas sugeridos y las expresiones indicadas.

Temas sugeridos: la calidad de los programas es mala / buena, los programas tienen mucha violencia, los programas son similares / únicos, los actores reciben mucho dinero por cada episodio, hay un sistema para clasificar el contenido de los programas, los servicios de cable son baratos / caros, es posible grabar los programas con una videocasetera, presentan muchos videos de música, hay muchos programas de concursos, ¿...?

Modelo: *Es bueno que muestren programas históricos.*

1. Es bueno que _____

_____.

2. Es malo que _____

_____.

3. Es ridículo que _____

_____.

4. Es necesario que _____

_____.

5. Es una lástima que _____

_____.

6. Es fantástico que _____

_____.

7. Es lógico que _____

_____.

8. Es importante que _____

_____.

Expressing doubt and uncertainty: The subjunctive with expressions of doubt and disbelief

ACTIVIDAD 8. ¿Lo crees o no lo crees? Mira los siguientes comentarios y luego di si los crees o no los crees. Sigue el modelo.

Modelos: Un nuevo programa de televisión muestra la vida diaria de un perro.
¡No creo que un nuevo programa de televisión muestre...
O:
Sí, creo que un nuevo programa de televisión muestra...

1. La ópera es la forma musical más popular de EEUU.

_____

_____

2. Unos grupos de rock españoles incorporan música flamenca en sus canciones.

_____

_____

3. Los documentales son los programas menos populares de la televisión.

_____

_____

4. Una telenovela nueva trata de las relaciones románticas de un grupo de extraterrestres.

_____

_____

5. Un nuevo grupo de rock se llama "Armed and Hammered".

_____

_____

6. Menos de diez por ciento de todos los programas en la televisión se transmiten en vivo.

_____

_____

ACTIVIDAD 9. Mis dudas. Completa las siguientes oraciones, expresando tus propias opiniones sobre el cine. Puedes usar ideas de la lista o expresar tus propias ideas.

Ideas: los críticos siempre / nunca tienen razón, el índice de audiencia (no) es eficaz, los boletos (no) van a subir más en precio, la mayoría de la gente (no) habla durante la película, los anuncios en el cine (no) son necesarios, las películas de acción (no) son demasiado violentas, las comedias (no) son divertidas, (no) es difícil entender una película con subtítulos, las estrellas de cine (no) ganan demasiado dinero, las películas comerciales son mejores / peores que las películas independientes, ¿...?

1. Dudo que _____

_____.

2. No creo que _____

_____.

3. No es cierto que _____

_____ .

4. Es cierto que _____

_____ .

5. Es improbable que _____

_____ .

6. No es verdad que _____

_____ .

7. Es seguro que _____

_____ .

Expressing unrealized desires and unknown situations: The subjunctive with nonexistent and indefinite situations

ACTIVIDAD 10. Quiero ver... Quieres ver varios tipos de espectáculos y películas, pero no sabes si existen. Di qué quieres ver. Sigue el modelo.

Modelo: una obra de teatro que me hace reír
Quiero ver una obra de teatro que me haga reír.

1. un musical que parece realista

_____

2. un documental que me entretiene

_____

3. una película de acción que tiene poca violencia

_____

4. una comedia romántica que no es ridícula

_____

5. una producción de ópera que no me aburre

_____

6. un espectáculo de danza que viene de Colombia

_____

7. una exposición de arte que exhibe arte moderno

_____

ACTIVIDAD 11. En mi ciudad. Di qué cosas faltan o no existen en tu ciudad. Usa las expresiones indicadas para crear oraciones completas. Sigue el modelo.

Modelo: Busco...
                   Busco un cine que tenga boletos muy baratos.

1. Busco...

    _____

2. Nos falta / faltan...

    _____

3. Necesitamos...

    _____

4. No tenemos...

    _____

5. Quiero...

    _____

6. Me gustaría...

    _____

ACTIVIDAD 12. El mundo del entretenimiento. Escribe un párrafo corto en el que expresas tus emociones, tus dudas, tus opiniones y tus ideas sobre el entretenimiento: la televisión, el cine, la música, el teatro. Trata de escribir por lo menos ocho oraciones completas que expresen tus opiniones.

_____
_____
_____
_____
_____
_____
_____
_____
_____
_____
_____
_____
_____
_____
_____

A LEER

Estrategia: Using prefixes and suffixes to aid in comprehension

Antes de leer

ACTIVIDAD 13. El doblaje. Muchos programas de televisión estadounidenses se doblan en español (y otros idiomas) y se estrenan (*show*) en el mundo hispanohablante. ¿Puedes pensar en unos programas populares que, en tu opinión, también puedan ser populares en Latinoamérica y España? Escribe tres programas en las siguientes líneas.

1. _____

2. _____

3. _____

ACTIVIDAD 14. Los prefijos y los sufijos. Repasa la estrategia de leer en la página 355 de tu libro de texto. Trata de hacer una correspondencia entre los prefijos y sufijos en español con los del inglés. También escribe la traducción en inglés del ejemplo de la lectura. Luego, mientras lees el artículo, presta atención a los prefijos y sufijos de las palabras que no conoces para ayudarte a entenderlas.

prefijo / sufijo	ejemplo de la lectura	prefijo / sufijo en inglés	traducción al inglés
-dad	popularidad		
-dor	creador		
des-	desacuerdo		
-ico / -ica	clásica		
-oso	famoso		
-ante	hispanohablante		
hispano-	hispanohablante		

"Los Simpson" y el arte del doblaje

"Los Simpson", el dibujo animado de tanta popularidad en EEUU, también es sumamente popular por todo el mundo hispanohablante. Hay dos versiones en español, una que se dobla en España, con actores españoles, para estrenar allí, y otra versión que se dobla en México y que sale en los canales de televisión en Latinomérica. Así que existen dos voces para Homer Simpson, dependiendo de la parte del mundo hispanohablante donde estás: Humberto Vélez hace la voz de Homer en Latinoamérica y Carlos Ysbert la hace en España.

Matt Groening, el creador de la serie, seleccionó personalmente a los actores y actrices que interpretan los papeles[1] de Homer, Marge, Bart y Lisa. Estos actores de doblaje son verdaderas estrellas de televisión y atraen a sus propios grupos de "fans", o admiradores. Recientemente, cuando la actriz que interpreta el rol de Bart en Latinoamérica, Marina Huerta, renunció a causa de desacuerdos con la empresa que hace el doblaje, miles de aficionados del programa protestaron su ausencia. Ahora se conforman y se resignan más o menos a la "nueva voz de Bart", la actriz Claudia Mota, pero todavía se refieren a Marina Huerta como la "voz clásica de Bart".

"Los Simpson" ha tenido un éxito[2] enorme, ya que la serie tiene más de diez años. Durante los años, los fans han tenido[3] que acostumbrarse a la pérdida de algunas de sus voces favoritas a causa de muerte o edad. Por ejemplo, las voces de Selma, el Jefe Wiggum, el Abuelo y el Dr. Hibbert no son las mismas de antes.

Muchos hispanohablantes piensan que las versiones de "Los Simpson" en español son mejores que las versiones originales en inglés. Carlos Ysbert, quien recientemente sustituyó al tristemente fallecido[4] Carlos Revilla como la voz de Homer en España, dice: «Creo que en su conjunto[5] el doblaje español [de España] de "Los Simpson" es mucho más colorista [que el doblaje estadounidense]. Los personajes tienen más fuerza y variedad que los originales, empezando por el propio Homer... Y no digamos la de Lisa, que tiene muchísima menos personalidad en el original.... Exactamente igual ocurre con Bart, donde Sarita Vivas ha hecho[6] una creación increíble». Ysbert también ha hecho el doblaje para otros personajes de la televisión estadounidense, incluso, más notablemente, Norm de "Cheers".

La mayoría de los actores más famosos del doblaje también doblan otros programas de televisión y a veces las películas. Aquí hay una lista de unos de los mejores conocidos de Latinoamérica.

Personaje en "Los Simpson"	Actor o actriz	Otras series que dobla
Homer Simpson	Humberto Vélez	"Married . . . with Children", "Futurama", "Star Trek: The Next Generation"
Marge Simpson	Nancy McKenzy	"The Nanny"
Bart Simpson	Marina Huerta ("voz clásica de Bart")	"Rugrats", "Full House"
Lisa Simpson	Patricia Acevedo	"Rugrats", "Dinosaurs"
Sr. Burns	Gabriel Chávez	"The Nanny", "The X Files", "Robocop"
Abuelo Simpson	Carlos Petrel	Spock en "Star Trek"
Smithers	Octavio Rojas	"Walker, Texas Ranger"
Apu	Carlos Segundo	Alf en "Alf"

[1]papeles: roles; [2]éxito: success; [3]han tenido: have had; [4]fallecido: muerto; [5]en su conjunto: como un grupo, en total; [6]ha hecho: has made

Después de leer

ACTIVIDAD 15. ¿Comprendiste? Contesta las siguientes preguntas sobre el artículo.

1. ¿Cuántas versiones españolas de "Los Simpson" existen y dónde las doblan?

   _____

2. ¿Quién es "la voz clásica" de Bart en Latinoamérica? ¿Quién es "la nueva voz" de Bart?

   _____

3. ¿Cuáles son tres personajes del programa cuyas voces han cambiado (*have changed*) durante los años?

   _____

4. ¿Quién es el Homer latinoamericano? ¿Quién es el Homer español?

   _____

5. ¿Qué otro papel famoso interpretó Carlos Ysbert?

   _____

6. ¿Cuáles son tres papeles adicionales que hace la voz latinoamericana de Homer?

   _____

ACTIVIDAD 16. Yo pienso que... Contesta las siguientes preguntas sobre "Los Simpson" y el doblaje.

1. ¿Te gusta ver "Los Simpson"? ¿Por qué sí o no?

   _____

   _____

2. ¿Te gustaría ver un episodio de "Los Simpson" en español? ¿Por qué sí o no?

   _____

   _____

3. ¿Prefieres ver películas en otro idioma con subtítulos o dobladas? ¿Por qué?

   _____

   _____

4. ¿Crees que es fácil o difícil trabajar como actor de doblaje? ¿Por qué?

   _____

   _____

A ESCRIBIR

Antes de escribir

Estrategia: Prewriting—Creating an outline

ACTIVIDAD 17. Un bosquejo *(outline)*. Mira el bosquejo en las páginas 358–359 de tu libro de texto. Vas a crear un bosquejo para una composición sobre "Los Simpson" y/o el doblaje, usando las respuestas a las preguntas de la **Actividad 16.** Primero, repasa tus respuestas allí y piensa en el tema de tu composición. También trata de pensar en dos o tres aspectos u opiniones que quieres elaborar. Escríbelos en las siguientes líneas. Vuelve a mirar el ejemplo en tu libro de texto si necesitas más ayuda.

Tema general: _____

I. Párrafo 1: Introducción, opinión principal:

_____

_____

II. Párrafo 2: Primer aspecto que se relaciona con la opinión general:

_____

_____

III. Párrafo 3: Segundo aspecto que se relaciona con la opinión general:

_____

_____

IIV. Párrafo 4: Conclusión:

_____

_____

ACTIVIDAD 18. Más detalles. Ahora, añade dos o tres detalles o ejemplos para cada opinión principal en tu bosquejo. Vuelve a mirar el ejemplo en tu libro de texto si necesitas más ayuda.

Párrafo 1

    Detalle o ejemplo 1: _____

    Detalle o ejemplo 2: _____

    Detalle o ejemplo 3: _____

Párrafo 2

    Detalle o ejemplo 1: _____

    Detalle o ejemplo 2: _____

    Detalle o ejemplo 3: _____

Párrafo 3

    Detalle o ejemplo 1: _____

    Detalle o ejemplo 2: _____

    Detalle o ejemplo 3: _____

Párrafo 4

    Detalle o ejemplo 1: _____

    Detalle o ejemplo 2: _____

    Detalle o ejemplo 3: _____

A escribir

ACTIVIDAD 19. Una composición sobre Los Simpson y/o el doblaje. Ahora, usa la información de los dos bosquejos para escribir tu composición. Puede ser un ensayo o una reseña, como prefieras. Trata de escribir libremente, sin pensar en la gramática o en los errores, porque luego vas a tener la oportunidad para revisarlo.

_____

_____

_____

_____

_____

_____

_____

_____

_____

_____

_____

_____

_____

_____

_____

_____

_____

_____

_____

_____

_____

_____

_____

Después de escribir

ACTIVIDAD 20. Otra vez. Ahora, lee tu composición y usa la siguiente lista para revisarla.

- ¿Tiene el bosquejo toda la información necesaria?

- ¿Es interesante e informativo?

- ¿Tiene una organización clara y lógica?

- ¿Usaste pronombres de complemento directo para eliminar la repetición?

- ¿Usaste bien las formas del subjuntivo para expresar deseos, emoción, duda y opiniones con expresiones impersonales?

- ¿Usaste las formas correctas de todos los verbos?

- ¿Hay errores de ortografía?

CAPÍTULO 12

¿Qué síntomas tienes?

¡IMAGÍNATE!

ACTIVIDAD 1. El cuerpo. Escribe el nombre correcto de cada parte del cuerpo indicada en los dos dibujos.

1._____

2._____

3._____

4._____

5._____

6._____

7._____

8._____

9._____

10._____

11._____

12._____

13._____

14._____

15._____

ACTIVIDAD 2. En el consultorio. Varios pacientes vienen hoy para hablar con el médico. Completa las descripciones de sus síntomas, basándote en el problema médico que tienen y en la siguiente lista. Es posible usar la misma palabra varias veces. ¡Ojo! Si usas un verbo de la lista, tienes que usar la forma correcta.

Palabras posibles: la cabeza, el catarro, congestionado(a), doler, estornudar, la fiebre, la garganta, la herida, mareado(a), las muletas, las náuseas, torcido(a), la tos

EL PACIENTE 1:   Ay, doctor, tengo alergia... (Yo) _____ todo el día y tengo una

_____ muy fuerte. También estoy _____... no puedo

respirar muy bien.

LA PACIENTE 2:   Doctor, ¿no me puede recetar algo para esta gripe tan horrible que tengo? Tengo

una _____ muy alta y me duele el estómago —tengo unas

_____ increíbles. También me duele mucho la _____ y las

aspirinas no me quitan el dolor.

EL PACIENTE 3:   No puedo hablar muy bien porque tengo un dolor de _____ muy

fuerte. ¡Ay, cuánto me duele! Tengo un _____ porque me resfrié

hace unos días y ahora estoy enfermo.

LA PACIENTE 4:   Oiga, doctor, me _____ mucho el tobillo. Me lo lastimé jugando

básquetbol, no creo que esté roto, pero sí creo que está _____.

¿Cree que vaya a necesitar _____ para caminar?

ACTIVIDAD 3. ¡Adivina! Mira las descripciones de las distintas partes del cuerpo y sus funciones principales y escribe el nombre de la parte a la que se refiere cada descripción.

1. _____ está en la boca. Se usa para formar las palabras y pronunciarlas bien.

2. _____ están en el pecho. Traen oxígeno al cuerpo y luego emiten bióxido de carbono.

3. _____ está en el pecho. Es el motor del ser humano—hace circular la sangre por todo el cuerpo.

4. _____ están en la cabeza. Se usan para oír y también para mantener la estabilidad del cuerpo y evitar los mareos.

5. _____ pasa por todo el cuerpo. Lleva el oxígeno por todo el cuerpo.

ACTIVIDAD 4. Consejos de médico. Completa las siguientes conversaciones con los consejos de médico apropiados para los síntomas de los pacientes. Escoge entre los consejos y remedios de la lista y escribe oraciones completas.

Consejos y remedios posibles: una inyección, una crema, unas aspirinas, unas gotas, una radiografía, una venda de gasa, un jarabe, unas muletas, un análisis de sangre, unas hierbas

1. — Doctor, tengo una fiebre muy alta pero no tengo otros síntomas.

— _____

2. — Doctor, toso todo el día y toda la noche.

— _____

3. — Doctor, tengo una herida en la mano que sangra mucho.

— _____

4. — Doctor, los ojos me duelen mucho.

  — _____

5. — Doctor, tengo el tobillo torcido y no puedo andar muy bien.

  — _____

6. — Doctor, creo que tengo la pierna rota. Me duele mucho y no puedo ponerme de pie.

  — _____

7. — Doctor, tengo miedo de que vaya a tener la gripe este año. Siempre la tengo y dicen que es muy fuerte este año.

  — _____

8. — Doctor, creo que tengo anemia. Siempre estoy muy cansada, no puedo hacer nada y me siento sin energía.

  — _____

ACTIVIDAD 5. Un problema médico. Piensa en una enfermedad, una herida u otro problema médico que tuviste en el pasado. ¿Qué pasó? ¿Cuánto tiempo tuviste el problema? ¿Qué síntomas tuviste? ¿Fuiste al médico? ¿Qué remedio te recomendó? ¿Cómo resolvió el problema?

_____

_____

_____

_____

_____

_____

¡PREPÁRATE!

Expressing possible outcomes: The subjunctive and indicative with conjunctions

For clarification or help with grammar concepts, contact a Smarthinking e-tutor at www.smarthinking.com.

ACTIVIDAD 6. ¿Qué dijo la abuela? Marcos y Teresa tienen varios problemas. Le piden consejos a su abuela, que sabe mucho de las enfermedades y los remedios caseros *(home remedies)*. Completa los comentarios de la abuela, usando las palabras y expresiones entre paréntesis.

Modelo: —Abuela, no puedo dormir bien. ¿Qué hago?
—Hijo, (para que / dormir bien) __*para que duermas bien*__, bebe leche caliente con miel antes de acostarte.

1. —Abuela, estoy resfriada. ¿Qué hago?

  —Hija, (con tal de que / no tener fiebre) _____, debes cortar una cebolla y

  ponerla en tu cuarto. Así respiras mucho mejor.

2. —Abuela, tengo náuseas. ¿Qué hago?

   —Hija, (a menos que / estar vomitando) _____, come un poco de papaya, que es

   muy buena para el estómago.

3. —Abuela, me duelen las piernas. ¿Qué hago?

   —Hijo, (antes de que / tomar aspirina) _____, prueba este remedio. Come

   plátano y toma jugo de naranja. El potasio en el plátano y la naranja te quitan los dolores.

4. —Abuela, tengo una tos muy fuerte. ¿Qué hago?

   —Hija, (en caso de que / tener una infección local) _____, tienes que hacer

   gárgaras (*gargle*) con agua salada, con mucha sal. La sal mata (*kills*) las bacterias.

5. —Abuela, no hice lo que me recomendaste y ahora tengo un resfriado. ¿Qué hago?

   —Hijo, ¡cómo eres! ¡Tal vez esta experiencia sirva (para que / prestarme) _____

   atención la próxima vez! Bueno, come caldo de pollo y toma mucha agua... también tienes que dormir

   mucho.

ACTIVIDAD 7. En la sala de emergencias. Completa los siguientes comentarios que se oyen en la sala de emergencias. Subraya (*Underline*) la conjunción apropiada.

1. Usted no puede salir de aquí (a menos que / cuando) hable con una enfermera.

2. Esta señora viene aquí todos los fines de semana. Entra, describe sus síntomas y (aunque / hasta que) el médico le dice que está bien, pide una receta.

3. No sé qué pasó con ese joven. Esperó en la sala (hasta que / para que) vino el médico, pero al final se fue sin verlo.

4. ¡Qué bien! Aquí vienen. Pedí ayuda porque no podemos atender a toda esta gente (para que / sin que) tengamos más enfermeras.

5. ¿Puedes llamar a la oficina? Quiero más vendas de gasa (tan pronto como / en caso de que) tengamos más pacientes con heridas.

6. ¿Estuviste aquí ayer? Yo tuve que quedarme hasta las nueve (aunque / cuando) no tuvimos muchos pacientes.

7. Estoy cansadísima. Voy a salir (con tal de que / en cuanto) vengan las enfermeras del turno de noche.

ACTIVIDAD 8. En casa. Violeta está enferma hoy. Completa la siguiente conversación que tiene ella con su madre. Usa las formas correctas de los verbos indicados.

VIOLETA: Mamá, no te preocupes. No voy a necesitar nada antes de que tú (1)

               _____ (regresar) del trabajo.

MADRE: Sí, hija, ya lo sé, pero estoy nerviosa. Recuerda lo que pasó ayer... tuve que ir a la

               farmacia tan pronto como (2) _____(llegar) a casa, porque tenías la tos tan

               fuerte.

VIOLETA: Sí, mamá, lo sé. Pero estoy mucho mejor ahora. Mira, te llamo más tarde en caso de

               que (3) _____ (sentirse) peor.

MADRE: Está bien. Pero me preocupo mucho. Siempre que estás enferma, tienes una infección en cuanto (4) _____ (empezar) a dolerte la garganta. Tal vez debo llamar al médico para pedirle unos antibióticos en caso de que (5) _____ (tener) dolor de garganta mientras estoy en la oficina.

VIOLETA: Mamá, ¡no seas exagerada! Aunque (6) _____ (estar) enferma, no voy a tener una infección. Es sólo un resfriado pequeño... no es la gripe.

MADRE: ¿Cómo lo sabes? Creo que debemos tener los antibióticos aquí en casa para que tú (7) _____ (poder) tomarlos en cuanto te (8) _____ (doler) la garganta.

VIOLETA: Bueno, mamá, como tu quieras. Voy a decir que sí para que (9) _____ (tranquilizarse) un poco. Pero sabes que el médico va a pensar que eres una hipocondríaca...

MADRE: ¿Yo? ¿Aunque tú (10) _____ (ser) la persona que está enferma? ¡Qué va!

VIOLETA: Mira, ¡yo no digo nada!

Expressing yourself precisely: Choosing between the subjunctive and indicative moods

ACTIVIDAD 9. En el gimnasio. Completa las siguientes oraciones con la forma correcta del verbo indicado, en el subjuntivo o en el indicativo.

1. Me alegro de que Uds. _____ (participar) en nuestro programa de aeróbicos acuáticos.

2. Dudo que tú _____ (necesitar) hacerte un examen físico antes de jugar vólibol aquí.

3. Tenemos un entrenador personal que _____ (poder) ayudarte a usar todas las máquinas.

4. Los médicos dicen que _____ (ser) necesario hacer por lo menos tres horas de ejercicio todas las semanas.

5. Nuestro entrenador quiere que nuestros clientes _____ (hacer) por lo menos cuatro horas de ejercicio todas las semanas.

6. Es una lástima que Uds. no _____ (tener) más tiempo libre para hacer ejercicio.

7. Aunque nuestro entrenador no _____ (estar) aquí hoy, puedo darles su número de teléfono, si tienen preguntas.

8. Con tal de que Uds. _____ (pagar) la cuota de inscripción (*membership fee*) hoy, pueden usar todos los servicios del gimnasio esta tarde.

9. Voy a darles las llaves para que _____ (poder) usar los clósets aquí.

10. Bueno, como ya es mediodía, sugiero que nosotros _____ (comer) algo en la cafetería del gimnasio.

ACTIVIDAD 10. Voy a cambiar mis hábitos. Eduardo está hablando de sus hábitos con un amigo. Completa sus comentarios con la forma correcta del verbo indicado (el indicativo, el subjuntivo o el infinitivo), según la situación.

Oye, ya sé que no como bien. Estoy seguro que (1) _____ (ser) posible cambiar este hábito. Es necesario que yo (2) _____ (hablar) con un experto de nutrición. A lo mejor, me recomienda que no (3) _____ (yo-comer) tanta comida rápida y que (4) _____ (yo-hacer) un esfuerzo para comer más ensaladas y vegetales. Creo que lo (5) _____ (yo-poder) hacer, pero no creo que (6) _____ (ser) nada fácil.

También tengo que encontrar a un entrenador personal. Necesito uno que (7) _____ (saber) mucho de los músculos y las partes del cuerpo, porque cada vez que (8) _____ (yo-hacer) ejercicio, después me (9) _____ (doler) todo el cuerpo. ¡Es importante (10) _____ (trabajar) con alguien que (11) _____ (poder) explicártelo todo muy claro! Me molesta cuando me (12) _____ (yo-hacer) daño durante el ejercicio. Es cierto que no (13) _____ (yo-estar) en muy buenas condiciones en este momento; sin embargo, sí (14) _____ (yo-poder) hacer un poco de ejercicio, con tal de que no (15) _____ (ser) demasiado difícil.

Pero sabes, me cansa (16) _____ (hablar) del ejercicio. A lo mejor es una buena idea que yo (17) _____ (descansar) un poco antes de que (18) _____ (yo-empezar) a llamar a los expertos en nutrición y a los entrenadores personales. No es bueno que (19) _____ (yo-trabajar) demasiado el primer día, y creo que ya (20) _____ (ser) mucho por un solo día. Dudo que (21) _____ (importar) mucho si no (22) _____ (yo-comenzar) mi proyecto hasta mañana.

ACTIVIDAD 11. Mis hábitos. Comenta tus hábitos de nutrición y ejercicio, completando las siguientes oraciones.

1. Estoy contento(a) de que _____
   _____.

2. Dudo que _____
   _____.

3. Es importante que mis amigos y yo _____
   _____.

4. Temo que _____
   _____.

5. Antes de que _____
   _____.

6. Aunque _____
   _____.

7. Sé que _____
_____.

8. Tan pronto como _____
_____.

Talking about future activities: The future tense

ACTIVIDAD 12. ¿Qué planes tienen? Escribe oraciones completas para describir los planes que tienen las personas indicadas para el año que viene.

Modelo: (Sra. Almería) tomar unas vacaciones en Tenerife
Tomará unas vacaciones en Tenerife.

1. (Gustavo y Hernando) asistir a una escuela de medicina
_____

2. (ustedes) trabajar para Médicos sin Fronteras en Marruecos
_____

3. (Susana) salir a hacer una excursión por toda África
_____

4. (Elena y yo) hacer un esfuerzo para estudiar más
_____

5. (ellos) comprar una casa nueva
_____

6. (usted) empezar su propio negocio
_____

7. (tú) ¿...?
_____

8. (tú y tus amigos) ¿...?
_____

ACTIVIDAD 13. Después de los estudios. Completa la siguiente conversación entre Lourdes y Sara, dos estudiantes de medicina, con las formas correctas del futuro de los verbos indicados.

LOURDES: ¡No veo la hora de que terminemos nuestros estudios! ¿Qué (1) _____ (tú-hacer) después de sacar el título?

SARA: Uy, no sé. ¡Tal vez (2) _____ (dormir) por un mes entero!

LOURDES: Bueno, lo dices ahora, pero creo que (3) _____ (tú-decir) algo diferente cuando llegue el momento.

SARA: A lo mejor tienes razón. (4) _____ (yo-tener) que pensarlo un poco más.

LOURDES: Bueno, yo sé exactamente lo que (5) _____ (hacer). Después de trabajar como médico por unos años, (6) _____ (tener) bastante dinero ahorrado. Así que (7) _____ (poder) hacer un viaje por todo el mundo.

SARA: ¿Pero qué (8) _____ (pasar) con tus pacientes? Ellos no (9) _____ (querer) buscar otro médico.

LOURDES: También tengo una solución para ese problema. (10) _____ (tú y yo-abrir) una clínica juntas. Yo (11) _____ (salir) de viaje y tú (12) _____ (cuidar) a nuestros pacientes.

SARA: ¡Ah, ahora veo cómo va la cosa! ¡Pero algún día yo (13) _____ (querer) hacer un viaje también!

LOURDES: Bueno, no, no vas a querer viajar, ¡porque ya dijiste que no tienes planes! Así que siempre (14) _____ (tú-estar) en la clínica para atender a nuestros pacientes.

SARA: Oye, (15) _____ (tú-tener) que cambiar de planes, porque yo no puedo estar siempre en la oficina.

LOURDES: Bueno, no hacemos nada por el momento, pero en el futuro... entonces ya (16) _____ (nosotros-ver).

ACTIVIDAD 14. ¿Qué harán? Lee los comentarios sobre varias personas y mira los dibujos. Escribe una oración completa que use el futuro para presentar una hipótesis sobre qué hará cada persona.

1. Laura tiene que preparar un informe *(report)*. ¿Qué hará ella?

_____

_____

2. Martín me dijo que le dolía el brazo. ¿Qué hará él?

_____

_____

3. La hija de Julia está enferma. ¿Qué hará Julia?

_____

_____

4. Gregorio no tiene que trabajar hoy. ¿Qué hará esta tarde?

_____

_____

A LEER

Estrategia: **Understanding a chronology**

Antes de leer

ACTIVIDAD 15. Las adicciones. Muchos profesionales médicos piensan que las adicciones son un problema tanto psicológico como físico. Las siguientes cartas de consejos hablan del problema de la adicción a las telenovelas. Piensa en por lo menos otras cuatro cosas o actividades que se puedan asociar con la adicción.

_____

_____

ACTIVIDAD 16. ¿Cuándo pasó? Repasa la estrategia de leer en la página 386 de tu libro de texto, que trata de cómo reconocer una cronología. La carta de Roberto, el esposo preocupado, describe varias etapas de su vida con su esposa. Mira las siguientes oraciones, luego lee la carta de Roberto en la página 181 y trata de poner los siguientes eventos en el orden correcto.

_____ Roberto empieza a pensar que su esposa necesita ayuda psiquiátrica.

_____ Hace 10 años que Roberto y su esposa se casaron.

_____ La esposa de Roberto empezó a ver una telenovela nueva con un protagonista que es muy similar a Roberto.

_____ Roberto y su esposa tuvieron dos hijos.

_____ Roberto le escribe una carta al Padre Alberto para pedirle sus consejos.

_____ El protagonista le fue infiel a su esposa en el programa, y la esposa de Roberto estaba muy enojada y nerviosa.

_____ La mujer de Roberto insiste en que él se vista, hable y actúe como el protagonista de la telenovela.

ACTIVIDAD 17. Los consejos. Ahora, lee la carta del Padre Alberto en la página 181. Mientras lees, indica cuál de los siguientes consejos le ofrece a Roberto.

Debe...

_____ 1. vender la televisión y no comprar otra nueva

_____ 2. hablar más con su esposa y tratarla con más cariño y afecto

_____ 3. insistir en que ella nunca jamás vea el programa

_____ 4. decirle que su adicción está causando problemas con su matrimonio

_____ 5. decirle que su adicción está causando problemas con los hijos

_____ 6. decirle que necesita psicoterapia y luego ir a unas sesiones con ella

Lectura

Consejos de amigo

La telenovela es un género bastante adictivo.

Estimado Padre Alberto:

Tengo casi 10 años de casado. Mi esposa y yo tenemos dos hijos de 6 y 8 años de edad.

He tratado de sobrellevar[1] mi matrimonio todos estos años con muchas dificultades.

Mi esposa es una buena mujer y excelente madre, pero es muy inmadura. Una de las últimas telenovelas que han transmitido ha traído[2] un caos a mi vida. El personaje principal de esa novela tiene una gran similitud conmigo, tanto en su personalidad como en lo físico. Mi esposa se ha convertido en una esclava[3] de esa novela. El colmo[4] es que ella pretende que yo[5] me vista, actúe, hable, me comporte y conduzca como ese personaje. Yo hasta pienso que mi esposa necesita ayuda psiquiátrica. No creo que sea normal que ella viva esa telenovela como si fuera[6] su vida.

El día que el intérprete de dicha novela le fue infiel a la esposa, ella se comportó como si yo se lo hubiese hecho[7] a ella.

He recurrido[8] a usted en busca de un buen consejo, se dice que las fantasías en la pareja son buenas para mantener la ilusión en el matrimonio, pero en este caso yo creo que es demasiado.

En espera de su consejo,
Roberto, víctima de una telenovela

• • • • • • • • •

Estimado Roberto:

La telenovela es un género bastante adictivo. Es peor que dejar el cigarrillo...

En tu caso, me parece un poco exagerada la reacción de tu esposa. Te compadezco[9], porque me imagino que has vivido una situación muy desagradable. Lo importante es que ya tú has identificado una serie de factores que pueden ser parte de la solución. Lo primero que me preocupa es cuánto tiempo le ofreces a tu esposa para la conversación. Muchas personas encuentran en la televisión y el cine el romanticismo que les falta en su vida. Tu esposa necesita mucha atención y cariño[10] de tu parte. Quizás encuentre en ese personaje de la telenovela un hombre que expresa sus emociones abiertamente y que no teme expresarse con cariño y afecto. Puede ser que ella necesite eso ahora más que en el pasado.

Lo otro que me preocupa es que tu esposa puede estar "obsesionada" con su personaje favorito. Si tú has llegado a pensar[11] que tu esposa está de[12] psiquiatra, quiere decir que existe un problema que va más allá de lo normal.

Ten cuidado de cómo le presentas a tu esposa lo de ir a ver un psiquiatra. Debes comenzar con un psicoterapeuta que le haga una evaluación. Te recomiendo que hables con tu esposa y le comuniques el daño[13] que le está causando a su matrimonio. Te animo a que la acompañes a varias sesiones de psicoterapia.

Tu amigo,
Padre Alberto

[1]**sobrellevar:** *to endure;* [2]**que han transmitido ha traído:** *that has been shown lately has brought;* [3]**se ha convertido en esclava:** *she has become a slave;* [4]**El colmo:** *limit, last straw;* [5]**pretende que yo:** trata de hacer que yo; [6]**fuera:** *were;* [7]**hubiese hecho:** *had done it;* [8]**He recurrido:** *I have turned to;* [9]**compadezco:** ofrezco mi simpatía; [10]**cariño:** *affection;* [11]**has llegado a pensar:** *you have come to think;* [12]**está de:** está lista, necesita; [13]**daño:** *damage*

ACTIVIDAD 18. ¿Comprendiste? Di si los siguientes comentarios sobre las dos cartas son **ciertos (C)** o **falsos (F)**.

_____ 1. Roberto piensa que su esposa no es muy madura.

_____ 2. Roberto dice que su esposa no es una madre buena.

_____ 3. Para ayudar a su esposa, Roberto se viste como el personaje de la telenovela.

_____ 4. Roberto dice que las fantasías son buenas para un matrimonio, pero que esto es demasiado.

_____ 5. El Padre Alberto piensa que las adicciones a las telenovelas pueden ser más fuertes que las adicciones a los cigarrillos.

_____ 6. El Padre Alberto dice que es muy raro que las personas busquen el romanticismo en los programas de televisión.

_____ 7. El Padre Alberto dice que tal vez la esposa está comparando a Roberto con el personaje de la telenovela.

_____ 8. Padre Alberto recomienda que Roberto lleve a su esposa a un psiquiatra sin decirle nada de antemano (*beforehand*).

ACTIVIDAD 19. Yo pienso que... Contesta las siguientes preguntas sobre las dos cartas y sobre las adicciones en general.

1. ¿Crees que la esposa de Roberto tiene un problema psiquiátrico? ¿Por qué sí o no?

_____

_____

2. ¿Crees que el Padre Alberto tiene razón cuando dice que la adicción a las telenovelas es más fuerte que la adicción a los cigarrillos? ¿Por qué sí o no?

_____

_____

3. ¿Crees que la adicción es un problema físico, un problema mental o los dos juntos? ¿Por qué?

_____

_____

4. ¿Crees que la psicoterapia ayuda con el tratamiento de las adicciones? ¿Por qué sí o no?

_____

_____

5. ¿Conoces a alguien que tuvo o que tiene un problema con una adicción? ¿A qué estaba adicto(a)? ¿Pudo dejar la adicción? ¿Cómo lo hizo?

_____

_____

_____

_____

A ESCRIBIR

Antes de escribir

ACTIVIDAD 20. Cómo expresarte. Como ya aprendiste en el **Capítulo 1**, es muy importante saber quién va a leer lo que escribes, de manera que puedas escoger con cuidado el lenguaje y el estilo que vas a usar para comunicarte mejor con esta persona. Vas a escribir dos cartas breves: la primera a una consejera de un periódico y la otra la respuesta que escribe ella. ¿Qué tipos de palabras y expresiones vas a usar para expresarte? En otras palabras, ¿cuál es el efecto que quieres tener sobre el lector de las cartas?

_____

_____

ACTIVIDAD 21. Palabras de cortesía. Mira otra vez las dos cartas de la sección **A leer** y contesta las siguientes preguntas.

1. ¿Cómo se dirige Roberto al Padre Alberto? ¿Lo trata de tú o de Ud.?

    _____

2. ¿Cómo se dirige el Padre Alberto a Roberto? ¿Lo trata de tú o de Ud.?

    _____

3. ¿Por qué crees que los dos hombres escogieron tú o Ud.?

    _____

    _____

4. El Padre Alberto también usa unas palabras y frases para expresar compasión y para sugerir ideas de una manera más suave y no tan fuerte. Busca por lo menos tres de estas palabras o frases y escríbelas en los espacios en blanco.

    _____

    _____

Estrategia: Writing—Using softening language and courtesy expressions

When you are writing to someone you do not know well, or with whom you have to discuss a potentially embarrassing or difficult topic, it is a good idea to soften the tone of your letter and use expressions of courtesy whenever possible. For example, you have learned that to make polite requests you can use phrases like **Me gustaría** or **quisiera.** Here are some other strategies for softening your tone.

*   The subjunctive is often used with words like **quizás, tal vez,** and **puede ser que** to make tentative suggestions. In this case, the use of the subjunctive implies that this is not a fact, but an idea that may or may not be true: **Quizás su esposa tenga un problema psiquiátrico..., Puede ser que ella no sepa...**

*   The use of **Ud.** forms, rather than **tú** forms, always raises the level of courtesy.

*   Presenting ideas in the form of a question, rather than as a direct statement, also softens the language level: **¿No le parece posible que...?, ¿Piensa Ud. que...?**

- Expressions of sympathy, emotion, and courtesy soften the language as well: **Siento que, Es una lástima que, Me alegro que** . . .

- In general, direct commands are less courteous than requests made via questions (**¿Le molesta decirme...?**) or with **quisiera / me gustaría** (**Quisiera pedirle unos consejos...**).

Escritura

ACTIVIDAD 22. Una carta a la médica. Ahora, mira las cartas de la sección de **A leer** otra vez. Escribe una carta breve sobre una adicción a una médica que tiene una columna semanal en el periódico. Luego escribe la carta con la que responde la médica. Piensa en el nivel (*level*) del lenguaje que van a usar las dos personas y escoge las formas **tú** y **Ud.** apropiadamente. También trata de usar palabras y formas lingüísticas para expresar cortesía y para suavizar (*soften*) el tono del lenguaje.

Estimada Dra. Velásquez:

_____

_____

_____

_____

_____

_____

_____

En espera de su respuesta queda de Ud. atentamente,

_____

Estimado(a) _____:

_____

_____

_____

_____

_____

_____

_____

_____

_____

_____

Con mis mejores deseos para el futuro,

Dra. Amelia Velásquez

Después de escribir

ACTIVIDAD 23. Otra vez. Ahora, mira las dos cartas que escribiste. Usa la siguiente lista para revisarlas.

- ¿Presentan las dos cartas el problema y los consejos de una manera clara y breve?

- ¿Muestran un lenguaje apropiado para cada persona?

- ¿Incluyen palabras y expresiones de cortesía?

- ¿Usaste las formas del subjuntivo para expresar duda, emoción y deseos, y para sugerir ideas de una manera cortés?

- ¿Usaste las formas correctas de todos los verbos?

- ¿Hay errores de ortografía?

Workbook/Chapter 12   **185**

¿Te gusta trabajar con la gente?

¡IMAGÍNATE!

ACTIVIDAD 1. Las categorías. Pon las siguientes palabras del vocabulario en la categoría apropiada.

Palabras: campaña, ciudadano, crimen, discriminación, huracán, inundación, líder, política, proceso electoral, terremoto, terrorismo, violencia

desastres naturales	elecciones y gobierno	problemas sociales

ACTIVIDAD 2. ¿Qué pasa? Usa palabras del vocabulario para indicar qué está pasando en cada situación.

1. Llueve muchísimo y hay agua en las calles y por todas partes. Es una _____.

2. La gente va a votar por sus candidatos preferidos. Son unas _____.

3. Los trabajadores protestan por sus condiciones de trabajo y no van al trabajo. Es una

   _____.

4. Éstos son los hombres y mujeres que se dedican a luchar por su país y a defenderlo de sus enemigos. Es el

   _____.

5. La calidad del aire está muy mala y es peligroso respirarlo. Hay

   _____.

6. Los candidatos tratan de persuadir a los ciudadanos de votar a favor de ellos. Es una

   _____ electoral.

7. Los ejércitos de unos países luchan contra los ejércitos de otros países. Es una _____.

8. Hay mucha lluvia y viento, y se caen árboles, edificios y casas. Es un _____.

ACTIVIDAD 3. ¿Que tienen en tu ciudad? Mira cada palabra del vocabulario y di si tienen este problema o situación en tu ciudad. Incluye detalles específicos, si puedes. Sigue el modelo.

Modelo: manifestaciones
          Sí, tenemos manifestaciones aquí. Unas son contra problemas
          políticos y otras son contra situaciones en la comunidad, como la economía.

1. desastres naturales

   _____

   _____

2. discriminación

   _____

   _____

3. elecciones y campañas electorales

   _____

   _____

4. terrorismo

   _____

   _____

5. contaminación del aire y del agua

   _____

   _____

6. crimen

   _____

   _____

ACTIVIDAD 4. En el trabajo. Mira la lista de palabras y piensa en sus definiciones. Según las definiciones, ¿cuál de las siguientes palabras no pertenece *(doesn't belong)* a la lista de palabras? ¿Por qué? Sigue el modelo.

Ideas: (No) Trata de... los puestos, la capacidad de los candidatos, las acciones en el trabajo, los negocios en general, el dinero

Modelo: detallista, emprendedor(a), ascenso, responsable
La palabra **ascenso** *no debe estar en la lista porque trata de los puestos y no de la capacidad de los candidatos.*

1. contratar, la bolsa, emplear, supervisar

_____

_____

2. la compañía multinacional, la fábrica, la industria, los beneficios

_____

_____

3. tener buena presencia, trabajar a tiempo parcial, llevarse bien con la gente, tener mucha experiencia

_____

_____

4. el presupuesto, el ascenso, el aumento de sueldo, el seguro médico

_____

_____

5. hacer informes, dirigir a los empleados, trabajar a tiempo completo, tener buena presencia

_____

_____

6. los costos, el requisito, las ganancias, las pérdidas

_____

_____

ACTIVIDAD 5. ¿Qué hacen los empleados? Escribe oraciones completas usando las palabras indicadas para decir qué hacen las siguientes personas en el trabajo.

Modelo: El supervisor ideal (¿saber...?)
                El supervisor ideal sabe dirigir a los empleados.

1. El empleado ideal (¿recibir un ascenso por...?)

   _____

   _____

2. El jefe ideal (¿llevarse bien con...?)

   _____

   _____

3. El trabajador ideal (¿llegar al trabajo...?)

   _____

   _____

4. El empleado ideal (¿tener ...?)

   _____

   _____

5. El jefe ideal (¿querer empleados que...?)

   _____

   _____

ACTIVIDAD 6. ¿Qué hacen los candidatos? Escribe oraciones completas usando las palabras indicadas para decir qué deben hacer los candidatos para dar una buena impresión en su entrevista.

Modelo: El (La) candidato(a) ideal (la compañía)
                El (La) candidato(a) ideal hace investigaciones sobre la compañía en donde solicita un puesto antes de la entrevista.

1. El (La) candidato(a) ideal (entrevista)

   _____

2. El (La) candidato(a) ideal (currículum vitae)

   _____

3. El (La) candidato(a) ideal (los requisitos del puesto)

   _____

4. El (La) candidato(a) ideal (experiencia)

   _____

5. El (La) candidato(a) ideal (habilidades)

   _____

ACTIVIDAD 7. En la oficina. Escribe un párrafo corto describiendo una escena en una oficina grande de una compañía multinacional. ¿Qué tipo de negocio o industria es? ¿Qué pasa en la oficina? ¿Qué hacen los empleados? ¿los jefes? ¿los candidatos para puestos en la compañía?

_____

_____

_____

_____

_____

_____

_____

_____

_____

_____

¡PREPÁRATE!

For clarification or help with grammar concepts, contact a Smarthinking e-tutor at www.smarthinking.com.

Talking about what has occurred: The present perfect tense

ACTIVIDAD 8. Preparaciones para conocer al jefe nuevo. Mañana viene a la oficina el nuevo presidente de la compañía. ¿Qué han hecho los empleados hoy para prepararse? Completa la siguiente narración con las formas correctas del presente perfecto.

Hoy, todos (1)_____ (nosotros-estar) muy ocupados, porque mañana viene el nuevo presidente a la oficina. Yo (2)_____ (pedir) la sala de conferencias y (3)_____ (organizar) un desayuno celebratorio para los empleados. Tú (4)_____ (preparar) todos los informes necesarios para la reunión y nosotros (5)_____ (imprimir) copias para todos. Las secretarias (6)_____ (poner) la oficina en orden y (7)_____ (hacer) una tarjeta de bienvenida. El director de ventas (8)_____ (escribir) un resumen de las ventas anuales y los jefes de los departamentos (9)_____ (trabajar) todo el día para finalizar un informe sobre las actividades del mes pasado. En fin, todos (10)_____ (nosotros-contribuir) con algo para la visita del nuevo presidente. ¡Ojalá que todo salga bien!

ACTIVIDAD 9. ¿Qué han hecho? Di qué han hecho hoy los empleados en la compañía multinacional Buenagra. Sigue el modelo.

Modelo: la secretaria del jefe / escribir todas las cartas
La secretaria del jefe ha escrito todas las cartas.

1. el jefe del departamento de recursos humanos / entrevistar a los nuevos candidatos

_____

_____

2. los diseñadores gráficos / poner las nuevas páginas en el sitio web

_____

_____

3. la presidenta de la compañía / hacer el presupuesto anual

_____

_____

4. el empleado nuevo / abrir una cuenta corriente con el banco de la compañía

_____

_____

5. la jefa del departamento de mercadeo / ver la nueva campaña de publicidad

_____

_____

6. los vendedores de la compañía / volver de la reunión anual

_____

_____

ACTIVIDAD 10. Esta semana. Di qué han hecho tú, tus amigos y tus parientes durante esta semana. Incluye por lo menos tres actividades para cada categoría.

Modelo: *He solicitado un empleo en una compañía de telecomunicaciones.*

1. yo...

_____

_____

2. mis amigos y yo...

_____

_____

3. mis amigos y parientes...

_____

_____

Talking about events that took place prior to other events: The past perfect tense

ACTIVIDAD 11. Una entrevista de trabajo. Completa la siguiente narración con las formas correctas del pluscuamperfecto (*past perfect*).

Ayer tuve una entrevista de trabajo muy importante. Hice todo lo que pude para prepararme de antemano. Cuando llegué a la oficina, ya (1)_____ (leer) todos los informes anuales sobre la compañía y (2)_____ (hacer) varias investigaciones en Internet para averiguar todo lo posible.

Esa mañana (3)_____ (vestirse) con mucho cuidado, en un traje conservador. Cuando entré a la recepción, la recepcionista me dijo que el jefe de recursos humanos (4)_____ (cambiar) la hora de la entrevista. Él y su secretaria me (5)_____ (tratar) de llamar por teléfono, pero no me encontraron. Me enojé un poco, pero sólo le dije que ayer yo no (6)_____ (estar) en casa. La recepcionista me dijo, «Nosotros (7)_____ (pensar) en dejarle un mensaje, pero nadie contestó el teléfono. Lo siento muchísmo.» Luego me preguntó si podía volver dentro de dos horas. Le contesté que sí, pero me parecía que yo (8)_____ (hacer) muchas preparaciones para nada. Estaba lista para salir cuando el jefe de recursos humanos llegó con mucha prisa a la recepción. Me dijo, «Ya solucionamos el problema, que no era tan grande como (9)_____ (nosotros-pensar) antes. Perdone la molestia.» Hicimos la entrevista y todo salió muy bien... ¡Ojalá que tenga buenas noticias pronto!

ACTIVIDAD 12. Los nuevos vendedores. Hoy varios empleados empiezan a trabajar en puestos nuevos en una compañía multinacional. Di en qué ya habían trabajado o qué habían hecho antes de conseguir el puesto nuevo. Sigue el modelo.

Modelo   tú / trabajar como jefa de recursos humanos
            Tú ya habías trabajado como jefa de recursos humanos.

1. Marcos Goya y Adolfo Reyes / iniciar un programa anticrimen para el gobierno

   _____

   _____

2. tú / terminar tus estudios universitarios

   _____

   _____

3. tú y yo / dirigir un equipo tecnológico

   _____

   _____

4. Sara Mendoza / satisfacer todos los requisitos para ser jefa de un departamento

   _____

   _____

5. yo / escribir varios informes sobre la bolsa de valores

_____

_____

6. nosotros / trabajar a tiempo parcial

_____

_____

ACTIVIDAD 13. ¿Qué habías hecho? ¿Te interesa el activismo político? ¿Cuál de las siguientes cosas habías hecho antes de cumplir los diecisiete años? Escribe por lo menos seis oraciones que describan qué habías hecho o no habías hecho. Puedes usar palabras de la lista u otras que conozcas.

Ideas: participar en una huelga o una manifestación, trabajar para un(a) candidato(a) político(a), votar en las elecciones de la escuela, escribir una carta editorial al periódico, luchar contra la disciminación o la desigualdad, protestar contra una guerra, iniciar un programa social en la comunidad, ¿...?

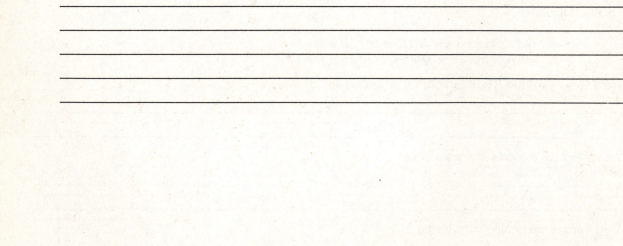

Expressing doubt, emotion, and will: The present perfect subjunctive

ACTIVIDAD 14. Las reacciones. Da tus reacciones a las siguientes oraciones. Puedes usar ideas de la lista para reaccionar o puedes usar otras expresiones que ya conoces. Sigue el modelo.

Reacciones: Es ridículo, Es bueno, Es malo, Es importante, Es una lástima que, Es bueno que, Me alegro de que, Me da pena que, Dudo que, No creo que, No es posible que, No importa que, ¿...?

Modelo: Los candidatos han dicho que los jóvenes no deben participar en las manifestaciones políticas.

Es ridículo que los candidatos hayan dicho que los jóvenes no deben participar en las manifestaciones políticas.

1. Los políticos han gastado mucho dinero en las campañas electorales este año.

   _____

   _____

2. El gobierno ha iniciado proyectos de ley (*legislative bills*) en contra de los derechos de los jubilados.

   _____

   _____

3. Yo no he votado en las últimas elecciones.

   _____

   _____

4. Tú has participado en varias huelgas en contra de tu compañía.

   _____

   _____

5. El proceso electoral ha sido más complicado este año que en el pasado.

   _____

   _____

6. Las fuerzas armadas han recibido mucho dinero del presupuesto nacional.

   _____

   _____

7. El presidente del país ha hablado mucho sobre la economía.

   _____

   _____

8. Los candidatos han criticado mucho al gobierno en sus anuncios publicitarios.

   _____

   _____

ACTIVIDAD 15. En la oficina. Mira los dibujos y escribe oraciones para indicar las reacciones de la jefa cuando ve lo que han hecho o lo que no han hecho.

Reacciones posibles: (No) Le gusta que..., Se alegra de que..., Le enoja que..., (No) Está contenta de que..., Piensa que es una lástima que..., Piensa que es bueno que..., ¿...?

Modelo:

El secretario no organizó los informes.

No está contenta de que el secretario no haya organizado los informes.

1. El técnico instaló más memoria en su computadora portátil.

_____

_____

_____

_____

_____

_____

_____

2. Las ventas de la compañía bajaron demasiado.

_____

_____

_____

_____

_____

_____

3. La recepcionista llegó tarde al trabajo otra vez.

_____

_____

_____

_____

_____

_____

4. Contrataron a una firma para instalar un nuevo sistema de telecomunicaciones.

_____

_____

_____

_____

_____

_____

5. Su secretaria de sesenta años se jubiló.

_____

_____

_____

_____

_____

_____

ACTIVIDAD 16. ¿Buena o mala idea? Escribe seis oraciones. Describe tres cosas que hayas hecho de las que estás contento(a) y tres cosas que te arrepientes (*you are sorry*) de haber hecho. Sigue el modelo.

Ideas posibles: ahorrar dinero, comprar…, estudiar, hacer ejercicio, ir a…, ponerme a dieta, trabajar, viajar a…

Modelo: *Qué bueno que (yo) haya estudiado mucho para mi examen de español.*
Es una lástima que no haya estudiado más para mi examen de historia.

1. _____

   _____

2. _____

   _____

3. _____

   _____

4. _____

   _____

5. _____

   _____

6. _____

   _____

A LEER

Estrategia: Clustering words and phrases

Antes de leer

ACTIVIDAD 17. La cortesía en la oficina. Ahora vas a leer un artículo sobre un sitio web que trata de la etiqueta y el protocolo en la oficina. Antes de leer, escribe unos consejos sobre cómo interaccionar en la oficina con jefes, compañeros y subordinados. Escribe uno o dos consejos para cada categoría de personas.

Jefes: _____

_____

Compañeros: _____

_____

Subordinados: _____

_____

ACTIVIDAD 18. Grupos de palabras. Repasa la estrategia de leer en la página 415 de tu libro de texto. Escoge una de las categorías de la lectura (Jefes, Compañeros o Subordinados) y trata de agrupar las palabras. Pon un círculo alrededor de cada grupo de palabras. Luego, cuando leas el artículo, presta atención para ver si los grupos te ayudan a leer esa sección de la lectura con más facilidad.

Lectura

La etiqueta en la oficina

A lo largo de la vida, pasaremos por etapas laborales en las que tendremos que convivir y relacionarnos con otras personas: compañeros, subordinados, jefes... y tenemos que procurar[1] establecer unas relaciones cordiales y fluídas por nuestro bien personal y el de nuestro trabajo.

Los jefes

El trato con nuestros jefes ha dejado de ser, en la actualidad, una relación tan rígida y formal como en épocas pasadas, aunque en determinadas profesiones y sectores aún se mantienen. No obstante, no debe dar pie a[2] confundir cordialidad con familiaridad.

- Aunque tengamos mucha confianza con nuestro jefe, tendremos que saber mantener una distancia en el trato, y sobre todo cuando nos encontramos delante de terceras personas.

- Nunca sea la "radio" del jefe (siempre contándole lo que ocurre o se habla en la oficina). Es una falta de compañerismo.

- Procure no entablar[3] discusiones con el jefe. Y si no está de acuerdo, intente[4] razonar. La confianza de los jefes debe ganarla con trabajo y esfuerzo.

Los compañeros

Si pasamos la mayor parte del día trabajando, pasamos la mayor parte de nuestras horas con los compañeros. Debemos mantener una relación cordial con ellos, ya que nos vemos muchas horas al día. El trato suele ser muy cercano[5] (más que con los jefes o subordinados), debido, generalmente, a la igualdad de categoría dentro de la empresa.

- Respete para ser respetado. Hay que saber valorar el trabajo independientemente de la persona que lo realiza[6].

- Sea buen compañero, siempre que pueda, y colabore con sus compañeros. Puede aplicar el eslogan "hoy por ti, mañana por mí."

- Tampoco abuse de sus compañeros constantemente pidiendo favores y trasladándoles[7] tareas que son función suya.

- Cuide los modales[8] en su trato diario con sus compañeros. Respete ciertos derechos como antigüedad[9] y edad.

Los subordinados

Las relaciones con empleados y subordinados, en la actualidad, no se basan en relaciones de sumisión total, como hace años, sino en un plano de mayor igualdad. Tenemos que saber diferenciar un trato respetuoso de un trato impersonal.

- Debemos ser puntuales.

- Debemos ser amables con todo el personal (sean jefes, subordinados, compañeros).

- Debemos hacernos apreciar por nuestra capacidad de trabajo y no por otros méritos poco profesionales.

- Cuando no esté de acuerdo con el jefe o compañeros, deberá discutir de forma razonable, sin que nadie trate de imponer nada por la fuerza. Hay que hablar y razonar.

[1]**procurar:** *to try*; [2]**dar pie:** *give a reason for*; [3]**entablar:** empezar, comenzar; [4]**intente:** procure, trate de; [5]**cercano:** informal, amistoso; [6]**realiza:** hace, prepara; [7]**trasladándoles:** dándoles; [8]**modales:** *manners, style of address*; [9]**antigüedad:** *seniority*

Después de leer

ACTIVIDAD 19. ¿Comprendiste? Indica a cuál grupo, según la lectura, se refiere cada consejo: **jefes (J)**, **compañeros (C)** o **subordinados (S).**

_____ 1. Es una buena idea llegar a tiempo y ser amable con todos los empleados.

_____ 2. Debes mantener una distancia con esta persona, particularmente en la presencia de otras personas.

_____ 3. No es una buena idea que los empleados siempre vayan corriendo a esta persona con todas las noticias de la oficina.

_____ 4. No es buena idea pedirle favores a este grupo, ni tratar de darle trabajos que deben ser tuyos.

_____ 5. Si tienes que discutir con otras personas, debes hacerlo de una manera muy razonable.

_____ 6. Es importante reconocer a las personas de este grupo por su capacidad de trabajo y no por otras características no muy profesionales.

_____ 7. La colaboración es muy importante para este grupo.

_____ 8. Dentro de este grupo es importante ser siempre cortés, especialmente con los empleados mayores de edad y los que tienen muchos años de experiencia.

ACTIVIDAD 20. En mi opinión. Contesta las siguientes preguntas sobre la lectura.

1. ¿Crees que la cortesía en el trabajo es más, menos o igualmente importante que hace veinte años? ¿Por qué?

_____

_____

2. ¿Has trabajado en una oficina o compañía donde los empleados eran muy corteses? ¿poco corteses? ¿Cómo fue la experiencia?

_____

_____

3. ¿Crees que es importante ser cortés en el trabajo? ¿Por qué sí o no?

_____

_____

4. ¿Crees que debe existir una diferencia en los niveles (*levels*) de cortesía entre los jefes, compañeros y subordinados? ¿Por qué sí o no?

_____

_____

5. ¿Te consideras una persona cortés? ¿Por qué sí o no?

_____

_____

A ESCRIBIR

Antes de escribir

Estrategia: Writing—Writing from charts and diagrams

ACTIVIDAD 21. Tus habilidades y características. Imagina que vas a visitar a un consejero de trabajo, la persona que te ayuda a decidir qué profesión quieres seguir. Antes de ir a la reunión, el consejero te ha pedido una autodescripción de tus características y conocimientos. Como aprendiste en tu libro de texto, puedes usar diagramas y tablas para organizar todos los detalles antes de escribir. Usa el siguiente diagrama para ayudarte.

1. Piensa en una profesión que te interesa y escribe su nombre en la línea del círculo a la derecha.

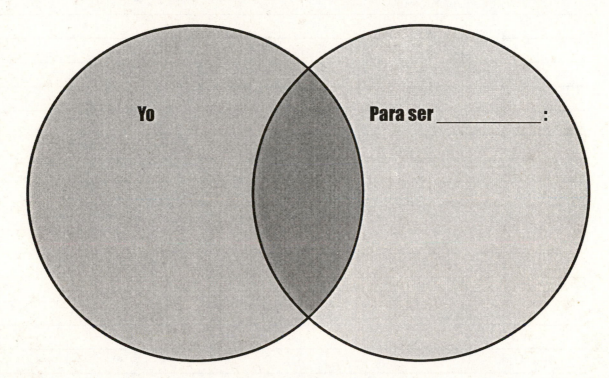

2. Escribe aquí cinco características, habilidades y conocimientos tuyos:

_____

_____

3. Escribe aquí cinco características, habilidades y conocimientos necesarios para la profesión que escogiste:

_____

_____

4. Ahora, analiza tus respuestas a los números 2 y 3 para ver si hay unos conocimientos, habilidades o características que son los mismos. Escríbelos en el centro del diagrama. Luego, escribe las otras palabras del número 2 en la parte izquierda del diagrama y las otras del número 3 en la parte derecha.

ACTIVIDAD 22. Una autodescripción. Ahora, escribe una autodescripción de tres párrafos cortos. En el primer párrafo describe tus habilidades y características. En el segundo, describe las habilidades y características que son necesarias para la profesión que te interesa. En el tercer párrafo, compárate con los requisitos de la profesión para ver si es un trabajo apropiado para ti.

Después de escribir

ACTIVIDAD 23. Otra vez. Ahora, lee tu composición y usa la siguiente lista para revisarla.

• ¿Tiene la descripción toda la información necesaria? ¿Incluye cada párrafo la información del diagrama?

• ¿Es interesante e informativa?

• ¿Tiene una organización clara y lógica?

• ¿Usaste los tiempos verbales correctamente?

• ¿Hay concordancia (*agreement*) entre los artículos, sustantivos y adjetivos?

• ¿Hay errores de ortografía?

CAPÍTULO 14

¿Te gustaría ir conmigo?

¡IMAGÍNATE!

ACTIVIDAD 1. De viaje. Escribe el nombre correcto de cada objeto, acción o sitio indicado en los dibujos.

1. _____
2. _____
3. _____
4. _____
5. _____

6. _____
7. _____
8. _____
9. _____
10. _____

11. _____   14. _____

12. _____   15. _____

13. _____   16. _____

ACTIVIDAD 2. Planes para viajar. Pon las siguientes actividades en el orden correcto, según lo que uno hace cuando planea un viaje.

_____ abordar el avión

_____ llamar a la agencia de viajes

_____ elegir el itinerario y lo que quiere ver durante el viaje

_____ hacer una reservación

_____ ir al aeropuerto

___1___ leer la guía turística sobre el sitio de destinación

_____ facturar el equipaje

ACTIVIDAD 3. ¿Qué necesitas en un hotel? Mira la lista de servicios que se pueden esperar de un hotel. ¿Cuáles son importantes para ti y cuáles no te importan? Indica tus preferencias en la lista dándole a cada servicio una valoración de 1 a 5 (1 = muy importante y 5 = no muy importante). Luego escribe dos oraciones diciendo qué es lo que absolutamente necesitas en un hotel y qué no necesitas.

_____ restaurante   _____ servicio a las habitaciones

_____ servicio despertador   _____ habitaciones de no fumar

_____ un secador de pelo en el baño _____ el desayuno incluido

_____ el lavado en seco   _____ un conserje

_____ una conexión a Internet   _____ aire acondicionado

_____ televisión por cable   _____ una plancha para la ropa

_____ sitio donde se puede hacer ejercicio

     y levantar pesas

1. Me importa tener...

_____

_____

2. No me importa tener...

_____

_____

ACTIVIDAD 4. Las categorías. Completa la tabla con las respuestas correctas según tu situación. Luego, contesta las preguntas a continuación.

	En mi región hay...	En mi país hay...
playas en el océano		
lagos grandes		
bosques grandes		
selvas tropicales		
cañones geológicos		
ruinas indígenas		
volcanes		
desiertos		
ríos		
islas		

Escoge tres de estos sitios que haya en tu región y contesta las siguientes preguntas.

1. ¿Cómo se llaman los sitios que escogiste?

_____

_____

_____

2. ¿Cuáles de estos son destinos populares para los turistas? ¿Por qué son populares?

_____

_____

_____

3. ¿Has visitado algunos de estos sitios? ¿Cuándo? ¿Qué hiciste allí? ¿Cómo eran?

_____

_____

_____

4. ¿Son algunos de estos sitios parques nacionales? ¿cuáles? ¿Hay que pagar una entrada?

_____

_____

_____

5. ¿Qué más sabes de estos sitios que puede ser de interés para los turistas?

_____

_____

_____

ACTIVIDAD 5. Un viaje. Escribe un párrafo breve para describir un viaje que has hecho recientemente. Incluye detalles sobre tu destino, tu modo de viajar y el hotel (u otro sitio) donde te quedaste (*you stayed*).

_____

_____

_____

_____

_____

_____

_____

_____

_____

_____

_____

_____

_____

_____

_____

¡PREPÁRATE!

.SMARTHINKING.com

For clarification or help with grammar concepts, contact a Smarthinking e-tutor at www.smarthinking.com.

Expressing doubt, emotion, volition, and nonexistence in the past: The imperfect subjunctive

ACTIVIDAD 6. Preparaciones para el viaje. Completa la siguiente narración sobre Teresa y sus planes para viajar. Usa la forma correcta del imperfecto del subjuntivo.

Siempre he querido ir a la Patagonia. Todos me habían recomendado que (1) _____ (viajar) durante el verano en la Patagonia, porque dudaban que (2) _____ (ser) posible viajar allá durante el invierno. Por dos años fue imposible que (3) _____ (yo-tomar) vacaciones durante esa época, pero este año por fin pude conseguirlo. Decidí ir con mi hermana, porque ella no quería que yo (4) _____ (ir) sola. Mi agente de viajes me recomendó que (5) _____ (hacer) las reservaciones en avión lo más pronto posible. Mis amigos me dijeron que (6) _____ (yo-deber) planear todo con mucho cuidado, pero rápidamente, porque no quedaba mucho tiempo. Yo no creía que (7) _____ (terminar) todas las preparaciones a tiempo, pero al final lo hice. Mi hermana y yo nos alegramos de que todavía (8) _____ (poder) hacer reservaciones en un hotel. También estábamos muy contentas de que todos los arreglos (9) _____ (salir) tan bien. ¡Ojalá que el viaje también sea tan fácil!

ACTIVIDAD 7. El viaje. Completa las siguientes oraciones sobre un viaje, según el modelo.

Modelo: el agente de viajes recomendó / los viajeros llegar temprano al aeropuerto
El agente de viajes recomendó que los viajeros llegaran temprano al aeropuerto.

1. qué lástima / nuestro taxi llegar tan tarde

_____

2. era necesario / tú y yo abordar el avión al último minuto

_____

3. a ti te molestaba / todos los asientos estar ocupados

_____

4. al final, el asistente de vuelo nos dijo / sentarnos en primera clase

_____

5. estábamos muy contentos de que / el avión no hacer ninguna escala

_____

6. de repente, el piloto mandó que / todos volver a nuestros asientos

_____

7. los asistentes de vuelo recomendaron / sentarnos a causa de vientos fuertes

_____

8. el piloto esperaba / los pasajeros mantener calma durante la turbulencia

_____

ACTIVIDAD 8. Consejos. ¿Qué consejos has dado últimamente? ¿Qué consejos has recibido? Escribe oraciones para indicar quién le recomendó qué a quién.

1. A mi familia le recomendé que _____

_____.

2. A mis amigos les recomendé que _____

_____.

3. A mi mejor amigo(a) le recomendé que _____

_____.

4. A mi compañero(o) de cuarto le recomendé que _____

_____.

5. Mi familia me recomendó que _____

_____.

6. Mis amigos me recomendaron que _____

_____.

Saying what might happen or could occur: The conditional

ACTIVIDAD 9. Un examen importante. Imagínate que mañana hay un examen muy importante. Di que harían las siguientes personas la noche antes del examen.

Modelo: Marcos / leer el último capítulo del texto
          Marcos leería el último capítulo del texto.

1. tú / estudiar toda la noche

_____

2. los profesores / descansar

_____

3. Mario y Adela / tener una fiesta

_____

4. ustedes / acostarse temprano

_____

5. tú y yo / comer mucha pizza

_____

6. nosotros / beber mucho café

_____

7. yo / estar nervioso(a)

_____

8. tú / dormir bien

_____

ACTIVIDAD 10. Con mucho dinero. Indica qué harían tú y las personas indicadas si tuvieran mucho dinero. Sigue el modelo.

Modelo: tú / viajar
Tú viajarías por toda Latinoamérica.

1. mis amigos y yo / viajar

_____

2. mi mejor amigo(a) / comprar

_____

3. yo / comprar

_____

4. mi familia / instalar

_____

5. mi compañero(a) de cuarto / pagar

_____

6. yo / hacer planes

_____

ACTIVIDAD 11. Los planes. Imagínate que pasan las siguientes cosas. Contesta las preguntas con la forma correcta del condicional.

1. Es el cumpleaños de tu mejor amigo(a). ¿Qué harías para celebrar?

_____

_____

2. Vas a una fiesta muy elegante. ¿Cómo te vestirías?

_____

_____

3. No tienes tu tarea para la clase de español. ¿Qué le dirías a tu profesor(a)?

_____

_____

4. Tus amigos perdieron sus llaves. ¿Qué harían?

_____

_____

5. Vas a hacer un viaje muy largo. ¿Qué preparaciones harías?

_____

_____

6. Tu familia viene a visitarte. ¿Qué harías en tu casa para prepararte?

_____

_____

Expressing the likelihood that an event will occur: **Si** *clauses with the subjunctive and the indicative*

ACTIVIDAD 12. ¿Seguras o no? Indica si las personas que hablan en las siguientes situaciones están **seguras (S)** de sus planes o **no** están **seguras (NS).**

_____ 1.   Si tengo tiempo, iré al aeropuerto muy temprano.

_____ 2.   Si tenemos el dinero, compraremos asientos de primera clase.

_____ 3.   Si tuviéramos un coche grande, podríamos hacer el viaje en auto.

_____ 4.   Si conocieras a un buen agente de viajes, no tendrías que gastar tanto dinero.

_____ 5.   Si yo hago las reservaciones temprano, podemos conseguir asientos de ventanilla.

_____ 6.   Si tú leyeras una guía turística, sabrías más sobre tu destino.

ACTIVIDAD 13. En el hotel. Completa las siguientes oraciones con la forma correcta del verbo indicado.

1.   Si el cuarto tiene televisión por cable, yo no _____ (salir) por dos días.

2.   Si la habitación fuera una de fumar, ustedes _____ (pedir) otra habitación.

3.   Si el botones no viene pronto, tú y yo _____ (llevar) estas maletas a la habitación.

4.   Si el hotel fuera mejor, la habitación _____ (tener) un teléfono y aire acondicionado.

5.   Si tú no tuvieras la llave, _____ (llamar) a la recepción.

6.   Si tengo mucho sueño, yo _____ (pedir) el servicio despertador.

7.   Si no tuviéramos sellos (*stamps*), ellos las _____ (comprar) en la recepción.

8.   Si no hubiera un conserje, yo le _____ (hacer) preguntas a la recepcionista.

ACTIVIDAD 14. ¿Qué haría yo? Completa las siguientes oraciones para decir qué harían tú y otras personas en estas situaciones improbables.

1.   Si yo tuviera un millón de dólares, _____

_____.

2.   Si mis amigos y yo tuviéramos poderes (*powers*) mágicos, _____

_____.

3.   Si yo viviera en un apartamento de lujo (*luxury*), _____

_____.

4.   Si mi madre fuera presidenta del país, _____

_____.

5.   Si yo participara en los Juegos Olímpicos, _____

_____.

6.   Si mi perro pudiera hablar, _____

_____.

A LEER

Estrategia: Understanding an author's point of view

Antes de leer

ACTIVIDAD 15. Las bellezas naturales de Argentina. Vas a leer información sobre un sitio web que trata de sitios muy poco conocidos en Argentina. Repasa la información sobre Argentina en el **Capítulo 14** de tu libro de texto. ¿Qué tipos de paisajes y bellezas naturales esperarías ver en este sitio web?

glaciares, _____

_____

ACTIVIDAD 16. El punto de vista. El grupo de viajeros (los autores del sitio web) tienen unas razones muy específicas para compartir su información con los visitantes al sitio web. Repasa la estrategia de lectura en la página 446 de tu libro de texto. Luego, piensa en por lo menos tres razones por las que un grupo de viajeros haría un sitio web sobre sitios naturales bonitos pero no muy bien conocidos.

_____

_____

_____

ACTIVIDAD 17. Los viajes de aventura. Ahora, lee la lectura a continuación, que consiste en dos partes: un mensaje de los autores sobre la meta (*goal*) de su sitio web, y luego una introducción a dos de las aventuras que se relatan con más detalle en el sitio web. Mientras lees, trata de buscar el punto de vista de los autores y compáralo con tus respuestas a la **Actividad 16.**

Lectura

La Argentina que pocos conocen

Si ustedes consultan en guías turísticas o agencias de viajes sobre turismo en Argentina, les ofrecerán varios circuitos y/o destinos muy bonitos, pero demasiado pisados[1] por el turismo convencional. Nosotros elegimos dejar nuestas huellas[2] en otros paisajes, mucho menos conocidos y visitados, pero tan impresionantes y conmovedores (¿o más?).

Acá[3] no queremos venderles nada. Sólo pretendemos incitarlos a que, por sus propios medios, conozcan lo que la naturaleza nos regala a todos aquellos que tengamos sensibilidad para apreciarlo.

- Este sitio está hecho por un pequeño grupo de argentinos amantes de paisajes solitarios y agrestes[4].

- La suerte y un poco de empeño[5] nos permitió conocer parte del extenso territorio de nuestro país, la Argentina.

- Nuestro humilde deseo es poder compartir con ustedes algunas de las experiencias inolvidables que hemos vivido en varios viajes.

- También ponemos a su disposición fotografías que ilustran anécdotas y la magnificencia de la naturaleza en lugares como los Andes, la Puna, la Patagonia, los desiertos, salares[6], volcanes...

[1]**pisados:** *stepped upon, traveled;* [2]**huellas:** *footprints;* [3]**Acá:** Aquí; [4]**agrestes:** rurales; [5]**empeño:** determinación; [6]**salares:** *salt mines*

- Pero el fin último, como ya lo hemos dicho, es lograr entusiasmar y animar a otros (ustedes) a conocer estos lugares tan inhóspitos y lejanos; como bellos, magníficos y emocionantes.

- Desde ya, y para no desanimar a nadie, les expresamos que, a pesar de[7] las grandes distancias y extremas alturas[8] a transitar, nunca necesitamos grandes inversiones de dinero, y las expediciones siempre pudieron ser financiadas con pequeños ahorros[9] y gran entusiasmo y predisposición.

Laguna Brava

Perdida en las alturas de los Andes, que separan naturalmente Argentina de Chile, se encuentra esta laguna. Hace mucho tiempo nos enteramos de sus características:

- Está a 4.263 metros de altura.

- Es una cuenca cerrada[10].

- Es refugio de flamencos rosados en sus migraciones.

- Era de muy difícil acceso.

- Fue declarada reserva de flora y fauna.

- Había en su superficie[11] restos de una emergencia aérea.

Todo eso generó en nosotros (todavía un incipiente grupo de aventureros de sólo cuatro miembros) un incontenible[12] deseo de conocerla.

Payunia, zona de volcanes

En el sur de la provincia de Mendoza, en el departamento de Malargüe, existe una zona que nos hace revivir los albores[13] del planeta, cuando, como en una caldera hirviente[14], la roca derretida[15] interior rompía la frágil cáscara[16] externa y fluía a la superficie por numerosos cráteres.

Es la zona denominada Payunia, nombre que deriva del volcán mas importante del área, bautizado[17] Payún por los indígenas que poblaron la región (los temidos[18] Aucas). Hoy es una fabulosa reserva de guanacos que vagan por los campos de arena volcánica y las grandes lenguas de lava solidificada (escoriales).

En diciembre de 1999 nos propusimos, algunos de los integrantes de Viajeros, conocer esos lugares que habíamos disfrutado[19] desde el aire en un vuelo de Neuquén a Mendoza capital.

Fue un viaje diferente...

[7]**a pesar de:** *in spite of;* [8]**alturas:** *heights;* [9]**ahorros:** *savings;* [10]**cuenca cerrada:** *closed basin, bowl;* [11]**superficie:** *surface;* [12]**incontenible:** *uncontrollable;* [13]**albores:** *beginnings;* [14]**caldera hirviente:** *boiling caldron;* [15]**derretida:** *melted;* [16]**cáscara:** *shell;* [17]**bautizado:** *baptized;* [18]**temidos:** *feared;* [19]**habíamos disfrutado:** *we had enjoyed*

Después de leer

ACTIVIDAD 18. El punto de vista principal. Ahora, decide cuál de los siguientes comentarios es el punto de vista **principal** del sitio web y márcalo con una **P.** Luego, mira los otros comentarios. Si son también una **meta** del sitio web, márcalos con una **M.** No marques los que no se relacionan con las metas del sitio web.

_____ 1. Vender equipo de alpinismo y para acampar.

_____ 2.   Animar a los lectores a explorar los sitios desconocidos pero bellos de Argentina.

_____ 3. El sitio web contiene historias de viajes y fotografías.

_____ 4. Animar a los lectores a ahorrar (*to save*) dinero para hacer excursiones por toda Argentina.

_____ 5. Compartir fotografías de viajes.

_____ 6. Persuadir a los lectores a mandar dinero a los autores del sitio web.

ACTIVIDAD 19. **¿Comprendiste?** Di si los siguientes comentarios sobre la lectura son **ciertos (C)** o **falsos (F)**.

_____ 1. "Los viajeros" (los autores del sitio web) son argentinos.

_____ 2. Es fácil encontrar la información de este sitio web en guías turísticas o agencias de viaje.

_____ 3. Este sitio web se dirige a los turistas más convencionales.

_____ 4. Algunos de los lugares en el sitio web son volcanes, montañas y desiertos.

_____ 5. Algunos de los sitios que visitaron son muy remotos y no muy accesibles.

_____ 6. Para hacer estos viajes es necesario tener gran entusiasmo, una predisposición a la aventura y mucho dinero.

_____ 7. Laguna Brava es una reserva de flora y fauna y un refugio de flamencos rosados.

_____ 8. Laguna Brava es popular entre los viajeros porque no es de un acceso muy difícil.

_____ 9. En Payunia se encuentran muchos volcanes, incluso el volcán Payún.

_____ 10. Los residentes indígenas de Payunia eran los Aucas.

ACTIVIDAD 20. Mi propio sitio web. Si pudieras hacer un sitio web similar a éste, sobre las naturales pero no muy conocidas bellezas de tu región o país, ¿qué sitios incluirías? Haz una lista de por lo menos tres lugares y da una breve explicación de por qué los escogerías.

_____

_____

_____

_____

_____

_____

_____

_____

A ESCRIBIR

Antes de escribir

ACTIVIDAD 21.   El arte de escribir. Ya has aprendido mucho sobre el proceso de escribir. Repasa las siguientes estrategias de escribir que se presentaron en el libro de texto y en este cuaderno. Subraya (*Underline*) las ideas que te eran más útiles para organizar tus ideas y para escribir.

- Identifying your target audience

- Using a bilingual dictionary

- Prewriting—brainstorming ideas

- Prewriting—narrowing your topic

- Creating a topic sentence

- Adding supporting detail

- Freewriting

- Editing your freewriting

- Writing a paragraph

- Adding transitions between paragraphs

- Creating an outline

- Using softening language and courtesy expressions

- Writing from charts and diagrams

ACTIVIDAD 22. La revisión. Para cada composición que escribiste, hiciste una revisión de tu borrador (*draft*). Usaste una lista como la siguiente para guiar tus correcciones al borrador.

1. ¿Incluye toda la información necesaria?

2. ¿Describiste claramente tu experiencia y tus conocimientos?

3. ¿Usaste bien el subjuntivo con los verbos y expresiones negativas, de duda y de emoción?

4. ¿Usaste las formas correctas de todos los verbos?

5. ¿Hay concordancia (*agreement*) entre los artículos, los sustantivos (*nouns*) y los adjetivos?

6. ¿Hay errores de ortografía?

   ¿Cuáles de estas preguntas te ayudaron? Escribe los números en las siguientes líneas. Describe cómo usaste las preguntas para revisar tus composiciones.

   _____

   _____

   _____

   _____

Estrategia: Revising—Editing your work

Revision is an important part of the writing process. Every time you complete a composition, you should ask yourself questions about your rough draft. It also helps to know yourself and your strengths and weaknesses as a writer. Have you previously had problems writing topic sentences? Do you often forget to add transitions between your paragraphs? Are you good with detail? Good with narration? Too wordy? The better you understand your work as a writer, the more effective your final product will be.

Escritura

ACTIVIDAD 23. Una lista personal. Usa las ideas de las **Actividades 21** y **22** para crear una lista de revisión que refleje (*reflects*) los problemas que típicamente tienes cuando escribes. También puedes usar ideas de la estrategia de escribir.

Después de escribir

ACTIVIDAD 24. A revisar. Ahora, busca una composición que hayas escrito para la clase u otra que escribiste en este cuaderno. Usa tu lista de la **Actividad 23** para revisarla otra vez y escribirla en las siguientes líneas. (Si quieres, puedes usar la composición de **Actividad 5** de la sección **¡Imagínate!** de este capítulo.)

Manual de laboratorio

La clase de español (páginas 1–4)

PRONUNCIACIÓN

ACTIVIDAD 1. El alfabeto. You will hear the names of the letters of the Spanish alphabet, followed by a word or words in Spanish that contains that letter. Listen to the speaker and repeat the letter and the word, imitating the speaker's pronunciation.

a	a	amiga
b	be	bien
c	ce	celular, cuarto
ch	che	chaqueta
d	de	día
e	e	encantado
f	efe	fatal
g	ge	gusto, genial
h	hache	hombre
i	i	instructor
j	jota	junio
k	ca	kilómetro
l	ele	libro
ll	elle	lluvia
m	eme	marzo
n	ene	noviembre
ñ	eñe	años
o	o	octubre
p	pe	papel
q	cu	quiero
r	ere	tarea, terrible
s	ese	salón
t	te	tarea
u	u	usted
v	ve	ventana
w	doble ve	walkman
x	equis	examen, México
y	i griega	yo
z	zeta	pizarra

ACTIVIDAD 2. Los números. Listen as you hear the following numbers pronounced. Repeat each number after you hear it.

0	8	16	24	32	40
1	9	17	25	33	41
2	10	18	26	34	50
3	11	19	27	35	60
4	12	20	28	36	70
5	13	21	29	37	80
6	14	22	30	38	90
7	15	23	31	39	100

CAPÍTULO 1

¿Cómo te llamas?

PRONUNCIACIÓN

ACTIVIDAD 1. Las vocales. There are five vowels in Spanish, with five corresponding vowel sounds. Compare this to English, which has a long and a short vowel sound for each vowel, as well as the *schwa* or "uh" sound for unstressed syllables.

You will hear a word in English followed by a word in Spanish. Compare the vowel sound in English with the vowel sound in Spanish. Repeat the Spanish word after the speaker.

a	map	mapa
e	Internet	Internet
i	instructor	instructor
o	computer	computadora
u	student	estudiante

Now practice the vowel sounds in Spanish by repeating each word after the speaker.

1.	a	para	nada	muchacha	avenida
2.	e	enero	ustedes	presentarte	elefante
3.	i	insisto	significa	universidad	actividad
4.	o	como	compañero	colonia	nosotros
5.	u	apuntes	pregunta	unidad	julio

ACTIVIDAD 2. Las sílabas. All Spanish words of more than one syllable are pronounced with the stress on one of those syllables. If there are no accent marks on the word, the words are pronounced according to the following two rules.

Rule #1. Words that end in a vowel, **-n**, or **-s** are stressed on the next-to-the-last syllable. Repeat these words after the speaker.

puer-ta
ven-**ta**-na
pro-fe-**so**-ra

hom-bre
a-**pun**-tes
es-tu-**dian**-te

cuar-to
mu-**cha**-cho
com-pa-**ñe**-ro

li-bros
cua-**der**-nos
es-cri-**to**-rios

e-**xa**-men
o-**ri**-gen
i-**ma**-gen

Rule #2. Words that end in any consonant other than **-n** or **-s** are stressed on the last syllable. Repeat these words after the speaker.

pa-**pel**
con-**trol**
li-be-**ral**

li-ber-**tad**
ac-ti-vi-**dad**
u-ni-ver-si-**dad**

pla-**cer**
re-gu-**lar**
te-le-vi-**sor**

ACTIVIDAD 3. Las sílabas acentuadas. Listen to each word. Underline the syllable that is stressed.

1. a-ni-mal

2. com-pu-ta-do-ra

3. re-fri-ge-ra-dor

4. es-cri-to-rio

5. in-te-li-gen-cia

6. con-ver-sa-cio-nes

7. ge-ne-ral-men-te

8. ci-ber-es-pa-cio

9. In-ter-net

10. a-gri-cul-tor

ACTIVIDAD 4. Los acentos escritos. If a multi-syllable word in Spanish does not follow the two rules of pronunciation that you just learned, that word requires a written accent to indicate where the stress should fall.

The following words break the first rule: they end in a vowel, **-n,** or **-s,** but their stress does *not* fall on the next-to-the-last syllable. Listen as the speaker pronounces each word. Notice the accented syllable.

mamá
electrónica
bebé
teléfono
kilómetro
menú
matemáticas
inglés
salón
dirección

The following words break the second rule: they end in a consonant other than **-n** or **-s,** but their stress does *not* fall on the last syllable. Listen as the speaker pronounces each word. Notice the accented syllable.

ángel
árbol
fútbol
álbum
dólar
azúcar
Gutiérrez
lápiz

Now, listen as the speaker reads ten different words. You will hear each word twice. First, underline the syllable that is stressed. (You may not know the meaning of the words, but don't worry about that. Simply listen for the stressed syllable.)

Modelo: ar <u>ti</u> cu lo

1. sim ple men te _____

2. di ne ral _____

3. la gri ma _____

4. par ti ci pa cion _____

5. pre li mi nar _____

6. beis bol _____

7. ci vi li za cio nes _____

8. va li dez _____

9. mar tir _____

10. vic ti ma _____

Now, go back through items 1–10 and decide if the word follows or breaks Rules 1 or 2. If it breaks either Rule 1 or 2, write in the accent in the correct place in the word. (Remember, you've already underlined the stressed syllable!)

Modelo: ar <u>tí</u> cu lo (breaks rule 1, needs an accent)

COMPRENSIÓN

ACTIVIDAD 5. ¿Saludo, despedida o presentación? Listen to the following short exchanges and decide whether the main part of the conversation is a greeting, a good-bye, or an introduction. Place a check mark next to the correct response.

1. ___ saludo

   ___ despedida

   ___ presentación

2. ___ saludo

   ___ despedida

   ___ presentación

3. ___ saludo

   ___ despedida

   ___ presentación

4. ___ saludo

   ___ despedida

   ___ presentación

5. ___ saludo

   ___despedida

   ___ presentación

ACTIVIDAD 6. ¿Formal o informal? Listen to the following exchanges and decide if the relationship between the two people is formal or informal. Place a check mark next to the correct response.

1. ___ formal

   ___ informal

2. ___ formal

   ___ informal

3. ___ formal

   ___ informal

4. ___ formal

   ___ informal

5. ___ formal

   ___ informal

ACTIVIDAD 7. Para responder. Several people are going to speak directly to you. Write an appropriate response.

1. _____
2. _____
3. _____
4. _____
5. _____
6. _____
7. _____

ACTIVIDAD 8. Los candidatos. You are the director of human resources at an Internet company. You will interview two candidates. As they speak to you, you must write down the information that is missing below. Listen carefully as each candidate gives you his or her pertinent information.

1. Nombre: _Amalia Montenegro_____

   Dirección: _____

   Número de teléfono: _3-45-98-79_____

   Edad: _____

2. Nombre: _César Zepeda_____

   Dirección: _Calle 12, número 25_____

   Número de teléfono: _____

   Edad: _____

ACTIVIDAD 9. El mensaje. You get home and listen to your messages. A woman left a message in Spanish for someone who does not live in your household. Can you decipher what she said and what she wanted? Listen to the message as many times as you want and write the following information in Spanish.

1. Who is the person trying to reach? _____

2. What is the name of the person calling? _____

3. What is her phone number?_____

4. What's the date? _____

5. What does the person need? _____

¿Qué te gusta hacer?

P R O N U N C I A C I Ó N

ACTIVIDAD 1. Encadenamiento (Linking). Deciphering another language as it is spoken can at first seem daunting. However, there are certain patterns of pronunciation that can aid your comprehension. Linking is one of those patterns.

As the speaker reads the following phrases, notice how words link together to sound almost like one word. In Spanish pronunciation, the last letter of one word often links itself to the first letter of the next word. Listen carefully.

hablo español
amigos alemanes
tocar un instrumento

If the last letter of the first word is the same as the first letter of the next word, then they are pronounced as one slightly elongated sound. For example:

ventana abierta
amiga argentina
muchachos serios
profesor Rodríguez

Since the letter **h** is silent in Spanish, the same link occurs if the vowels before and after the **h** are identical.

lo horrible
para hablar

Practice by repeating these sentences after the speaker. Imitate the speaker's linking of words.

1. Es alto.
2. Tiene el pelo negro.
3. Vive en la avenida Alabama.
4. Le gusta visitar a amigos los domingos.
5. Voy a tomar un refresco por la tarde.
6. Varios estudiantes salvadoreños cenaron en casa.

ACTIVIDAD 2. Entonación *(Intonation)*. Intonation is the rising and falling of voice pitch. In Spanish, intonation patterns are particularly useful in distinguishing between a statement and a question. Listen to the speaker.

Statement: Ellos son de los Estados Unidos. ↓

Question: ¿Ellos son de los Estados Unidos? ↑

Listen carefully to the speaker. Based on the intonation, decide whether the following sentences are statements or questions. Then add the punctuation.

1. Soy de Bolivia

2. Son guatemaltecos

3. Les gusta escuchar música

4. Tocas la guitarra muy bien

5. Es un chico egoísta

6. Es antipático

ACTIVIDAD 3. Las preguntas. In questions that can be answered with a yes or no, the intonation rises at the end of the question. Listen to the following yes/no questions.

¿Eres de México?
¿Son canadienses?
¿Vives en la Colonia del Valle?
¿Tocas la guitarra?
¿Te gusta navegar por Internet?

In information questions that use interrogative words like **¿qué?** and **¿cómo?**, the intonation falls gradually toward the end of the question. Listen to the following information questions.

¿Qué hay de nuevo?
¿Qué tal?
¿Cómo te va?
¿Cómo es?
¿Dónde vives?
¿Cuál es tu número de teléfono?

Listen to the following questions and decide whether the speaker's intonation rises or falls at the end of the question. If it rises, circle **sí/no**; if it falls, circle **palabra interrogativa.**

1. sí/no   palabra interrogativa

2. sí/no   palabra interrogativa

3. sí/no   palabra interrogativa

4. sí/no   palabra interrogativa

5. sí/no   palabra interrogativa

6. sí/no   palabra interrogativa

7. sí/no   palabra interrogativa

COMPRENSIÓN

ACTIVIDAD 4. Las actividades de los estudiantes. Listen to the following students talk about their likes and dislikes. Based on what they say, circle the activity they would be most likely to participate in.

(Hint: Listen to key words and phrases that you know in order to get the gist of their meaning. Don't worry about words and phrases you don't recognize. There are enough clues in their statements for you to guess the right answer.)

1. a. escuchar música

   b. sacar fotos

   c. navegar por Internet

2. a. practicar deportes

   b. tocar el piano

   c. alquilar videos

3. a. bailar

   b. cantar

   c. pintar

4. a. mirar televisión

   b. hablar por teléfono

   c. levantar pesas

5. a. visitar a amigos

   b. navegar por Internet

   c. bailar

6. a. practicar deportes

   b. cocinar

   c. visitar a amigos

ACTIVIDAD 5. ¿Cómo soy? Listen to portions of the video descriptions that several people gave of themselves for a dating service. Write down the personality types they claim they are, then write down the opposite of that characteristic. Make sure the adjective matches the gender of the person speaking.

Modelo: Marcos *es paciente. No es impaciente.*

1. Delia _____ .

2. Martín _____ .

3. Ana _____ .

4. Tomás _____ .

5. Elena _____ .

6. Carla _____ .

ACTIVIDAD 6. El detective. You are a detective who has composite drawings of three suspects. You have audiotaped descriptions from witnesses of two of the three suspects. Match the descriptions to the correct drawings.

1. _____

2. _____

3. _____

ACTIVIDAD 7. La aduana. You're in line at customs in the Mexico City airport. You overhear the customs agent as he questions four passengers ahead of you. Say what nationality each passenger is.

1. _____

2. _____

3. _____

4. _____

CAPÍTULO 3

¿Cómo aprendemos?

PRONUNCIACIÓN

ACTIVIDAD 1. La consonante *r* y la *rr*. In Spanish, the consonant **r** has two pronunciations: the flap **r** and the trilled **r.**

The single letter **r** can be pronounced both as a flap **r** and as a trilled **r**, depending on its position in the word. The flap **r** sounds similar to the double *t* in the English word *letter*. The double letter **rr** is always pronounced as a trilled **r**, which sounds like a rolled *r* (*r-r-r-r*).

Listen to the difference between the flap **r** sound of the first word and the trilled **rr** sound of the second word in each pair. Repeat each word after the speaker.

1. coro   corro
2. pero   perro
3. caro   carro
4. ahora   ahorra
5. cero   cerro
6. coral   corral

ACTIVIDAD 2. El sonido *r*. The single letter **r** is pronounced as a trilled **rr** when it comes at the beginning of a word or when it comes after the letters **l** or **n.** Otherwise, it is pronounced as a flap **r.**

Listen to the speaker pronounce each word. Repeat each word after the speaker. Then mark whether the **r** in that word was a flap **r** or a trilled **r.**

1. _____ flap **r**   _____ trilled **r**
2. _____ flap **r**   _____ trilled **r**
3. _____ flap **r**   _____ trilled **r**
4. _____ flap **r**   _____ trilled **r**
5. _____ flap **r**   _____ trilled **r**
6. _____ flap **r**   _____ trilled **r**
7. _____ flap **r**   _____ trilled **r**
8. _____ flap **r**   _____ trilled **r**
9. _____ flap **r**   _____ trilled **r**
10. _____ flap **r**   _____ trilled **r**

ACTIVIDAD 3. El sonido *rr*. In Spanish, the double **r** is considered as a separate sound. It is always pronounced as a trill. Repeat the word after the speaker and then write it down.

1. _____
2. _____
3. _____
4. _____
5. _____
6. _____
7. _____
8. _____

ACTIVIDAD 4. Comparaciones. First read the following sentences and circle each word that has an **r** in it. Then listen to the speaker read each sentence aloud. As you hear the speaker pronounce each word, write F for flap above the words with flap **r**'s and T for trill above the words with trilled **r**'s.

1. Tengo que hacer la tarea de informática para mañana.

2. El perro corre por el parque, pero tarde o temprano, tiene que pararse.

3. Raúl toma un refresco en la residencia estudiantil.

4. Rafael ahorra su dinero para comprar un carro.

5. Cuando está aburrida, Bárbara toca la guitarra.

6. Mi compañero de cuarto repite la pregunta rápidamente.

COMPRENSIÓN

ACTIVIDAD 5. Conversaciones. Listen to the following conversations and decide what the person speaking is studying. Circle the letter of the correct answer.

1. a. humanidades
   b. matemáticas
   c. comunicaciones
2. a. publicidad
   b. biología
   c. nutrición

3. a. baile

   b. diseño gráfico

   c. negocios

4. a. ingeniería

   b. idiomas

   c. salud

5. a. matemáticas

   b. arte

   c. medicina

ACTIVIDAD 6. ¿Adónde van? Listen to the conversation between Luis and Marta as they try to get together for coffee. Listen to their conversation and fill in the schedule below with the missing classes and/or times.

	lunes	**martes**	**miércoles**	**jueves**	**viernes**
Luis		filosofía		11:00	3:00
Marta	8:00:		2:00	ejercicio	3:00

ACTIVIDAD 7. ¿A qué hora? You will hear four different conversations. Listen to each, and then write the number of the conversation next to the time mentioned in that conversation. **¡OJO!** There are two extra times that are not mentioned.

_____ 2:15

_____ 8:10

_____ 2:00

_____ 12:00

_____ 7:50

_____ 1:45

ACTIVIDAD 8. El profesor Peralta. Listen as Professor Peralta gives his regular first-day-of-class speech. Write in the missing words as you listen.

Buenas tardes, estudiantes. Soy el profesor Peralta. Si ustedes (1) _____ a mi clase

regularmente, (2) _____ a descubrir que la literatura española es fascinante. (3)

_____ en un mundo que no aprecia la importancia de la lectura. Ustedes están en esta

clase porque (4) _____ que es importante leer y escribir. Yo (5) _____

ficción en mi tiempo libre. El autor Francisco Munguía (6) _____ el acto de escribir así:

«(7) _____ por la jungla de la imaginación y (8) _____ inspiración sin

saber de dónde. Sí, señores, yo (9) _____ en las Musas». En esta clase, las musas son tus

compañeros: ustedes (10) _____ información entre sí. Tú (11) _____

tus ideas con tu compañero y él o ella (12) _____ sus ideas contigo. De este modo, todos

(13) _____ mucho más.

ACTIVIDAD 9. La entrevista. Listen carefully to the conversation between two students. Use the first line to jot down the answer to the question shown. Then, after you have finished listening, come back and write complete Spanish sentences on the second line.

1. ¿Con quién tiene una entrevista el chico? _____

   _____

2. ¿Cuándo es la entrevista? _____

   _____

3. ¿Cuántos idiomas tienen que hablar los candidatos? _____

   _____

4. ¿Cuáles son los idiomas? _____

   _____

5. ¿Qué cursos piden (*do they ask for*)? _____

   _____

6. ¿Qué estudia el chico? _____

   _____

CAPÍTULO 4

¿Te interesa la tecnología?

PRONUNCIACIÓN

ACTIVIDAD 1. Las consonantes *c*, *s* y *z*. In Latin America, the consonant **c** (before **i** or **e**) and the consonants **s** and **z** are all pronounced like the English consonant **s** in *sick*. In Spain, the consonant **c** (before **i** or **e**) and **z** are pronounced like the **th** in the English word *thick*. Compare the pronunciation of the Latin American and the Spaniard as they pronounce the following words.

Latin American:	**Spaniard:**
aplicación	aplicación
funcionar	funcionar
ciberespacio	ciberespacio
cenar	cenar
cerrar	cerrar
semana	semana
sonar	sonar
cansado	cansado
azul	azul
buzón	buzón
empezar	empezar

ACTIVIDAD 2. ¿Es de España o no? Listen to the following statements. If they are being spoken by a Spaniard, mark **sí**. If they are not being spoken by a Spaniard, mark **no**.

1. ___sí   ___no

2. ___sí   ___no

3. ___sí   ___no

4. ___sí   ___no

5. ___sí   ___no

6. ___sí   ___no

ACTIVIDAD 3. Otra vez. Listen to the statements from **Actividad 2** again. This time, fill in the missing letters as you listen to each statement.

1. ¡Estoy furio_____o! Mi computadora no fun_____iona.

2. El _____ibere_____pa_____io es un sitio imaginario.

3. ¿Qué apli_____a_____ione_____ tiene tu sistema?

4. In_____tala el programa de antivirus si puede_____.

5. Mi bu_____ón electrónico _____iempre está lleno.

6. Mis colores favoritos son el a_____ul y el gri_____.

COMPRENSIÓN

ACTIVIDAD 4. ¿De qué hablan? Escucha las conversaciones y decide de qué parte de la computadora hablan las personas. Marca **a, b** o **c** para indicar la respuesta correcta.

1. a. monitor
   b. cable
   c. disco duro

2. a. micrófono
   b. fax / módem
   c. teclado

3. a. audífonos
   b. ratón
   c. altoparlantes

4. a. impresora
   b. ícono del programa
   c. juego interactivo

5. a. proveedor de acceso
   b. sitio web
   c. servicio de búsqueda

6. a. sitio web
   b. grupo de conversación
   c. los usuarios

ACTIVIDAD 5. ¿Qué tiene en la mochila? Escucha al estudiante describir el contenido de su mochila. Mientras escuchas, apunta el número y el color de cada cosa que menciona. Luego escribe oraciones completas según el modelo.

Modelo: mochila
          una, anaranjada
          Tiene una mochila anaranjada.

1. celular: _____

   _____

2. bolígrafo: _____

   _____

3. lápiz: _____

   _____

4. calculadora: _____

   _____

5. cuaderno: _____

   _____

6. asistente electrónico: _____

   _____

ACTIVIDAD 6. Los campos de estudio. Amalia habla de los campos de estudio que les gustan a ella y a sus compañeros. Primero escucha y escoge el campo de estudio correcto, según los intereses de las personas. Luego escribe las oraciones con las formas correctas de los verbos entre paréntesis.

Modelo: a. la geografía   b. la ingeniería   c. la filosofía

          a mí (gustar)

          A mí me gusta la filosofía.

1. a. la economía   b. el trabajo social   c. la filosofía

   a Teresa y a Laura (interesar)

   _____

2. a. el español   b. el alemán   c. las lenguas

   a nosotros (encantar)

   _____

3. a. los negocios   b. el periodismo   c. la publicidad

   a ti (fascinar)

   _____

4. a. los idiomas   b. las ciencias políticas   c. la biología y la física

   a Pablo (gustar)

   _____

5. a. las ciencias   b. las lenguas   c. las matemáticas

   a Óscar y a Amelia (interesar)

   _____

6. a. las humanidades   b. los idiomas   c. las matemáticas

   a ti (gustar)

   _____

7. a. la arquitectura   b. la administración de empresas   c. la psicología

   a Marcos (interesar)

   _____

8. a. las ciencias políticas   b. la publicidad   c. la contabilidad

   a Roberto y a mí (encantar)

   _____

ACTIVIDAD 7. Las emociones. Los estudiantes de la clase de español describen sus emociones. Escucha sus descripciones. Escribe oraciones completas para describir cómo están. Sigue el modelo.

aburrido(a)   nervioso(a)
enfermo(a)   cansado(a)
contento(a)   seguro(a)
enojado(a)   triste

Modelo: *Ella está enferma.*

1. _____

2. _____

3. _____

4. _____

5. _____

ACTIVIDAD 8. Generalmente. Unos estudiantes describen varios aspectos de la vida universitaria. Escucha sus descripciones. Luego escribe el adverbio (con **-mente**) que mejor completa las siguientes oraciones.

Modelo: *Generalmente* estudia dos o tres horas por día.

1. Navega por Internet _____.

2. Instala el programa antivirus _____.

3. La profesora habla _____ en español.

4. _____ tiene una clase por la mañana y dos clases por la tarde.

5. Archiva los documentos en el disco duro _____.

6. Con la computadora portátil, puede hacer conexión a la red _____.

CAPÍTULO 5

¿Qué tal la familia?

PRONUNCIACIÓN

ACTIVIDAD 1. Las letras *l* y *ll*. In English, the *l* and the double *ll* sound the same. This is not true in Spanish. In most of the Spanish-speaking world, the double **ll** sounds like the *y* in *yes*.

Listen as the speaker pronounces the following words. Pay attention to the difference between the **l** sound and the double **ll** sounds in Spanish. Repeat each word after the speaker.

luego
llueve
calor
calle
mochila
tortilla
talento
toalla
militar
millón

Now listen to the following words and pronounce each after the speaker. Circle **l** if the word has a single **l** and **ll** if you hear the double **ll** sound.

1. l   ll

2. l   ll

3. l   ll

4. l   ll

5. l   ll

6. l   ll

7. l   ll

8. l   ll

9. l   ll

10. l   ll

ACTIVIDAD 2. La letra y. The Spanish letter y sounds like the *y* in *yes* or *yellow* in most positions. However, at the end of a word, or when it is pronounced alone to mean *and*, it is pronounced like the Spanish vowel **i**. Listen to each word and pronounce it after the speaker.

Pronounced like *yes*:
yogur
ayer
joyería
vaya

Pronounced like the Spanish vowel *i*:
voy
hoy
muy
ayer y hoy
Muy bien, ¿y tú?

COMPRENSIÓN

ACTIVIDAD 3. La familia de Sara. Escucha la descripción de la familia de Sara y completa el diagrama de su familia con los nombres correctos de la lista. Luego completa las oraciones con la relación correcta.

Nombres posibles: Alberto, Amelia, David, Diego, Elena, Emiliano, Irene, Gregorio, Gustavo

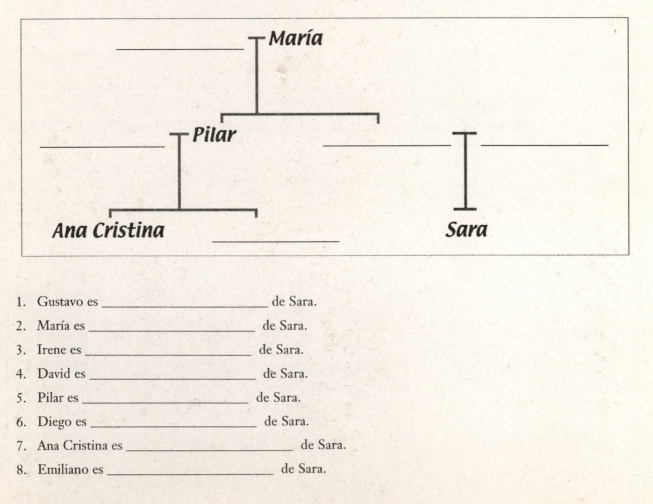

1. Gustavo es _____ de Sara.

2. María es _____ de Sara.

3. Irene es _____ de Sara.

4. David es _____ de Sara.

5. Pilar es _____ de Sara.

6. Diego es _____ de Sara.

7. Ana Cristina es _____ de Sara.

8. Emiliano es _____ de Sara.

ACTIVIDAD 4. ¿Qué hacen? Escucha a las siguientes personas mientras describen sus trabajos. En oraciones completas, nombra la profesión de cada persona. Escoge de la lista. **¡OJO!** En la mayoría de los casos, tienes que cambiar las palabras cuando se refieran a mujeres en vez de hombres.

abogado(a)	bombero(a)	camarero(a)	dependiente
enfermero(a)	ingeniero(a)	mecánico(a)	médico(a)
peluquero(a)	periodista	policía	plomero(a)
profesor(a)	programador(a)	secretario(a)	veterinario(a)

1. _____
2. _____
3. _____
4. _____
5. _____

6. _____
7. _____
8. _____
9. _____
10. _____

ACTIVIDAD 5. ¿Qué está haciendo Joaquín? Joaquín es muy metódico. Hace las mismas cosas a la misma hora todos los días. Escucha y toma apuntes mientras describe su rutina diaria. Luego, según la hora, escribe una oración que describe lo que está haciendo Joaquín en cada momento. **¡OJO!** La primera respuesta ya está escrita en la tabla. No hay respuestas para todas las horas indicadas.

Verbos posibles: afeitarse, bañarse, ducharse, lavarse los dientes, peinarse, secarse el pelo, vestirse

Hoy

6:00 de la mañana	6:15 de la mañana	6:30 de la mañana
Se está levantando. / Está levantándose.		
6:45 de la mañana	**7:15 de la mañana**	**7:45 de la mañana**
8:00 de la mañana	**8:30 de la mañana**	**8:45 de la mañana**

ACTIVIDAD 6. Un cambio de rutina. A Joaquín le gusta la rutina, pero mañana tiene que cambiar todas sus actividades típicas. Escucha mientras describe lo que va a estar haciendo mañana. Completa la tabla con las actividades nuevas. La primera respuesta ya está escrita. Usa los verbos indicados.

Verbos posibles: afeitarse, asistir, bañarse, bailar, desayunarse, despedirse, ducharse, lavarse los dientes, levantarse, llegar, reunirse, salir, secarse el pelo, vestirse

Mañana

4:00 de la mañana	4:15 de la mañana	5:00 de la mañana
Está levantándose. / Se está levantando.		
6:00 de la mañana	**11:00 de la mañana**	**12:00 (mediodía)**
1:30 de la tarde	**5:15 de la tarde**	**9:30 de la noche**

CAPÍTULO 6

¿Adónde vas?

PRONUNCIACIÓN

ACTIVIDAD 1. Las consonantes *b* y *v*. In Spanish, the consonants **b** and **v** have the same pronunciation, namely /b/. However, the pronunciation of /b/ changes according to the position of **b** or **v** in a word or phrase.

At the beginning of a word, or after **m** or **n**, they are pronounced like the *b* in the English word *boy*. Listen as the speaker pronounces words that you already know that follow this rule. Then repeat the words after the speaker.

banco
vaso
bicicleta
video
nombre
colombiano
conversación

In all other positions, the pronunciation of **b** and **v** is much softer, similar to the *b* in the English word *cabin*, but with the lips close together and almost touching. Listen as the speaker pronounces words that you already know that follow this rule. Then repeat the words after the speaker.

libro
abril
autobús
huevos
pavo
automóvil

ACTIVIDAD 2. Dictado. Listen to the speaker say the following six sentences. Repeat each sentence after the speaker. Concentrate on the **b**'s and **v**'s in each sentence. Then listen again and write down at least one word from each sentence that contains a **b** or a **v**. (They are all words you already know.)

1. _____

2. _____

3. _____

4. _____

5. _____

6. _____

COMPRENSIÓN

ACTIVIDAD 3. ¿Adónde van? Escucha las conversaciones entre varias personas y basándote en sus comentarios, decide adónde van. Escribe el número de la conversación al lado del lugar que le corresponde. Hay tres lugares que no tienen respuesta.

_____ a. el aeropuerto   _____ e. un restaurante

_____ b. las canchas de tenis   _____ f. la iglesia

_____ c. un edificio grande   _____ g. la oficina de correos

_____ d. la piscina   _____ h. el parque

ACTIVIDAD 4. El refrigerador. Viene a visitarte un primo que es un poco perezoso. Quiere comer varias cosas. Te pregunta dónde están en el refrigerador. Escucha sus preguntas. Primero, escribe el nombre de cada comida que él busca. Luego, basándote en el dibujo, escribe oraciones que indiquen dónde están las comidas indicadas, usando las palabras de abajo y la comida o cosa que se menciona en cada caso.

al lado de	detrás de	entre
debajo de	delante de	sobre

Modelo: comida: _chuletas de puerco_ / los bistecs

Las chuletas de puerco están al lado de los bistecs.

1. comida: _____ / la carne

_____

2. comida: _____ / la leche y los huevos

_____

3. comida: _____ / los refrescos

_____

4. comida: _____ / los huevos

   _____

5. comida: _____ / el refrigerador

   _____

ACTIVIDAD 5. La estación de autobuses. Vas a escuchar dos conversaciones donde las personas indican cómo llegar a varios sitios. Mientras escuchas cada conversación, marca la ruta en el mapa. Los números en el mapa corresponden a las conversaciones e indican dónde están las personas que hablan.

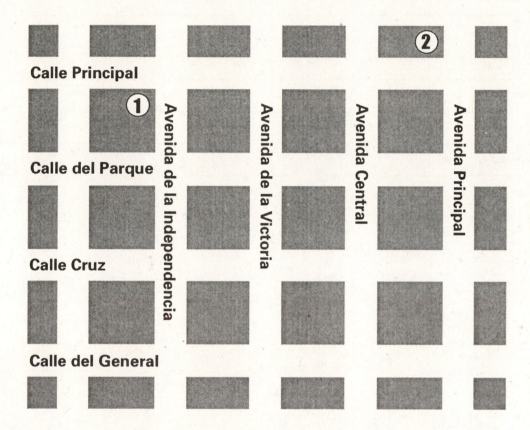

ACTIVIDAD 6. Planes para una fiesta. Escucha una conversación entre dos compañeras de cuarto que hacen planes para una fiesta. Primero, marca con una X las palabras de la tabla que oyes. Luego, usa las palabras de la tabla para escribir tres oraciones completas sobre la conversación.

algo	alguien	algún	alguno	alguna	algunos	algunas	jamás
nada	nadie	ningún	ninguna	nunca	siempre	también	tampoco

1. _____

2. _____

3. _____

ACTIVIDAD 7. En el mercado. Gregorio está en el mercado comprando las cosas que necesita para la cena. Escucha su conversación con el vendedor e indica en la tabla si las cosas que pide están cerca de Gregorio, un poco lejos o muy lejos. Presta atención a los adjetivos y pronombres demostrativos para encontrar las respuestas correctas. Marca tu respuesta con una X.

	cerca	un poco lejos	muy lejos
el bistec			
los vegetales			
el queso			
el pan			
los huevos			
el yogur			
los refrescos			

CAPÍTULO 7

¿Cuáles son tus pasatiempos preferidos?

PRONUNCIACIÓN

ACTIVIDAD 1. La *ñ*. The Spanish consonant **eñe** is pronounced like the [ny] sound in the English words *canyon*, *onion*, and *union*. Listen to the speaker read the following pairs of words. Repeat each word after the speaker. The first word contains a regular **ene** sound and the second one contains the **eñe** sound.

1. una / uña
2. sonar / soñar
3. campana / campaña
4. mono / moño
5. cana / caña
6. moreno / castaño
7. ventana / montaña
8. banana / mañana

ACTIVIDAD 2. ¿*N* or *ñ*? Listen to the speaker read the following sentences. Put the tilde above the letter **n** in each word that contains the **eñe** sound.

1. La senorita Trevino es mi companera de clase.
2. En el otono, sueno con el invierno que viene.
3. Nunca cambio la contrasena de mi correo electrónico.
4. Tengo una cunada que es muy morena y tiene el pelo castano.
5. Dona Manola es la duena de la tienda de ropa Muneca.
6. Manana es el cumpleanos de mi hermana pequena.
7. El disenador del panuelo marrón es de Espana.
8. Si suena el teléfono mientras me bano, hazme una senal.
9. Es mi primer ano de espanol en la universidad.
10. Una nina se rompió la una cuando subió la montana.
11. Anade tu firma a la resena del diseno del museo nuevo.

COMPRENSIÓN

ACTIVIDAD 3. **¿Ahora o antes?** Lidia habla con su amigo Ignacio por celular. Vas a oír la conversación dos veces. Primero, escucha para identificar si las actividades que mencionan ocurren en el presente o futuro, o en el pasado. Luego, escucha otra vez y escribe el verbo y algunas otras palabras que indican cuando la actividad ocurre.

	presente/futuro	pasado
nadar		
patinar en línea		
tenis		
entrenarse		
hacer ejercicio		
ir a un partido de básquetbol		
golf		

ACTIVIDAD 4. Situaciones. Escucha los comentarios de varias personas y escribe el número de la persona al lado de la oración que describe qué le pasa. Hay cinco comentarios, así que no hay una respuesta para cada oración.

_____ Tiene sed.   _____ Tiene vergüenza.

_____ Tiene ganas de viajar.   _____ Tiene prisa.

_____ Tiene hambre.   _____ Tiene cuidado.

_____ Tiene miedo.   _____ Tiene frío.

_____ Tiene sueño.   _____ Tiene calor.

ACTIVIDAD 5. ¿Qué tiempo hace? Escucha los comentarios de varias personas y pon el número correspondiente al lado del dibujo que representa la escena que describe. Puede haber más de un comentario para cada dibujo.

A. _____

B. _____

C. _____

ACTIVIDAD 6. ¡Presta atención! La mamá de Arturo, Beatriz y Carmen les dice que tienen que hacer (o no hacer) varias cosas hoy a causa de la lluvia. Escucha sus comentarios y escribe el mandato apropiado en la siguiente tabla, según lo que oyes. El primer mandato ya está escrito.

	Arturo	Beatriz	Carmen
patinar en línea			*No patines.*
remar			
jugar básquetbol			
mirar televisión			
jugar			
navegar en Internet			
hacer ejercicio			

ACTIVIDAD 7. De vacaciones. Escucha la conversación entre Olivia y Elena sobre las vacaciones de Olivia. Mientras escuchas, pon las siguientes actividades en el orden en que ocurrieron.

_____ Visitó el Museo de Historia de Panamá.

_____ Visitaron el Parque Nacional Soberanía.

_____ Llegaron por autobús a San José.

_____ Llegaron a la Ciudad de Panamá.

_____ Vieron el Teatro Nacional.

_____ Hicieron un tour del Canal.

_____ Fue al Museo de Jade.

CAPÍTULO 8

¿En qué puedo servirle?

PRONUNCIACIÓN

ACTIVIDAD 1. La consonante g (antes de *a, o, u*). The letter **g** in Spanish, when followed by an **a**, an **o** or an **u**, sounds similar to the *g* sound in the English word *go*. Repeat the following words after the speaker. Try to imitate the speaker's pronunciation of the letter **g.**

ga

1. regalo   abogado   navegar   pagar   delgado   llegar

   gato   gafas   garaje

go

2. abrigo   algodón   agosto   domingo   negocio   pago

   gorra   gordo   gol

gu

3. regular   alguien   lengua   conseguir   juguete   Paraguay

   guitarra   gustar   gusano

ACTIVIDAD 2. La consonante g (antes de *e, i*) y la consonante *j*. In Spanish, when the letter **g** is followed by an **e** or an **i**, it is pronounced the same way the letter **j** is pronounced in all positions in Spanish, like the English letter *h*. Compare the English word *hospital* to the Spanish word **Jalisco**. Repeat the following words after the speaker. Try to imitate the speaker's pronunciation of the letters **g** and **j.**

ge

1. gerente   vegetales   ingeniero   sugerir   Argentina   generalmente

gi

2. gitana   digital   gimnasio   biología   girar   original

j

3. junio   traje   tarjeta   trabajar   hijo   ejercicio

ACTIVIDAD 3. ¿G o j? Listen to each of the following sentences. First, circle the letters **g** that have the **g** sound of the English word *go*. Then listen again and underline the letters **g** that have the **j** sound of the Spanish word **Jalisco**.

1. Generalmente me pongo gafas de sol cuando viajo a Los Ángeles en agosto.

2. Al gerente no le gusta hablar de negocios con el ingeniero porque es un hombre egoísta.

3. No tengo ganas de tocar la guitarra para mis amigos en el garaje.

4. Lo llaman Gigante porque es alto y delgado y algo original en su vestuario.

5. Voy al gimnasio después de la clase de álgebra para sacar fotos digitales de Miguel.

COMPRENSIÓN

ACTIVIDAD 4. En el Almacén Durango. Vas a escuchar varias conversaciones que tienen lugar en un almacen grande en el centro de la ciudad. Mira la lista de secciones en el almacén y escribe el número de cada conversación junto a la sección del almacén que corresponde a su contexto.

_____ ropa de damas		_____ zapatos de niños	
_____ ropa infantil		_____ ropa de caballeros	
_____ ropa de niños		_____ zapatos de caballeros	
_____ zapatos de damas		_____ aparatos electrónicos	
_____ accesorios y joyería		_____ caja	
_____ servicio al cliente e información		_____ cafetería / baños	

ACTIVIDAD 5. ¿Están de moda? Escucha la siguiente narración de un programa de radio que trata de la moda. Mientras escuchas, indica si las siguientes prendas de ropa y accesorios están de moda o pasados de moda para este otoño.

	de moda	pasado de moda
1. las gafas de sol grandísimas		
2. las blusas estampadas de estilo bohemio		
3. los suéteres con collares de piel		
4. los jeans de cuero		
5. los cinturones bordados		
6. las gorras estilo "rap"		
7. las pulseras grandísmas de oro		

ACTIVIDAD 6. Un presupuesto (*budget*). Mirta trabaja como compradora de ropa (*buyer*) para un almacén muy grande. Está haciendo su presupuesto para el otoño. Acaba de dejar un mensaje para un proveedor de ropa para mujeres, preguntándole los precios de varias cantidades y estilos de ropa. Escucha el mensaje del proveedor y escribe los números que faltan.

prenda de ropa	cantidad	precio total
los jeans de mezclilla	25.000	
los jeans de cuero	15.000	
los pantalones de lino		$360.000
los pantalones cortos de algodón	7.500	
las faldas largas de cuero		$22.500.000
las faldas cortas de cuero	12.500	

ACTIVIDAD 7. Bueno, mejor y el mejor de todos. Varias personas hablan de la ropa que vieron cuando fueron al centro comercial. Escucha su conversación y luego indica el orden de preferencia para cada prenda indicada: 3 (menos favorito), 2 (bueno), 1 (el mejor de todos).

1.

_____ _____ _____

2.

_____ _____ _____

3.

_____ _____ _____

CAPÍTULO 9

¿Qué te apetece?

PRONUNCIACIÓN

ACTIVIDAD 1. La consonante _h_. In Spanish, the letter **h** is always silent. (The only exception to this is when it appears in the **ch** combination.) Repeat the words after the speaker. Make sure you do not pronounce the **h.**

1. hamburguesa

2. habichuelas

3. huevo

4. harina

5. helado

6. horno

7. zanahoria

8. hervido

ACTIVIDAD 2. ¿Tiene _h_ o no? Listen to the following sentences. Each sentence has three words in it that contain the silent letter **h.** Listen again and write down the three words that contain the silent **h** in each sentence.

1. _____ _____ _____

2. _____ _____ _____

3. _____ _____ _____

4. _____ _____ _____

5. _____ _____ _____

COMPRENSIÓN

ACTIVIDAD 3. ¿Qué tipo de comida piden? Escucha las siguientes conversaciones breves. Indica con una X cada tipo de comida que se menciona en la conversación. **¡OJO!** En algunas conversaciones, se mencionan más de un tipo de comida.

1. _____ ensalada _____ sopa _____ sándwich _____ carne / marisco _____ bebida _____ postre

2. _____ ensalada _____ sopa _____ sándwich _____ carne / marisco _____ bebida _____ postre

3. _____ ensalada _____ sopa _____ sándwich _____ carne / marisco _____ bebida _____ postre

4. _____ ensalada _____ sopa _____ sándwich _____ carne / marisco _____ bebida _____ postre

5. _____ ensalada _____ sopa _____ sándwich _____ carne / marisco _____ bebida _____ postre

ACTIVIDAD 4. Mis comidas favoritas. Escucha las conversaciones sobre lo que comieron las personas indicadas. Mientras escuchas, llena la tabla con la información que falta. La primera respuesta ya está escrita.

	Antes	**Ayer**
Lola	*Antes comía ensaladas.*	*Ayer comió lomo de res.*
Martín		
Paula		
Diego		
Ernesto		

ACTIVIDAD 5. Cocinando con Enrique y Violeta. Vas a escuchar cinco conversaciones entre Enrique y su hermana Violeta, mientras preparan una tortilla española para sus padres. Para cada conversación, indica cuál de las siguientes oraciones termina la conversación lógicamente.

1. _____ ¡Dámelos!

   _____ ¡Dáselos!

   _____ ¡Dámela!

2. _____ ¿Me las fríes?

   _____ Te los frío.

   _____ Te la frío.

3. _____ Te las corté ya.

 _____ Me la corté ya.

 _____ Te la corté ya.

4. _____ Se la preparamos especialmente a ellos.

 _____ Se la preparó especialmente a ella.

 _____ Se los preparó especialmente a él.

5. _____ Te lo sirvo.

 _____ Nos la sirvo.

 _____ Se lo sirven.

ACTIVIDAD 6. Una cita desastrosa. Escucha la conversación entre Mario y María cuando describen su primera cita, que tuvo lugar en un restaurante muy elegante. Primero, pon los siguientes dibujos en el orden correcto, según la descripción que oyes. Segundo, completa las oraciones que describen las escenas con la información que falta.

_____

Son _____ después de la hora cuando debían regresar a la casa.

_____

No le gusta la comida y la pone _____.

_____

Echa (*He spills*) _____ sobre toda la mesa.

_____

Hay un problema con su _____.

CAPÍTULO 10

¿Cómo es tu casa?

PRONUNCIACIÓN

ACTIVIDAD 1. La consonante *d*. There are two ways to pronounce the letter **d** in Spanish. When it appears at the beginning of a word, or after the letters **n** or **l**, it is a stop **d** and sounds much like the *d* in English. Compare *doctor* and **doctor**. In all other cases (after a vowel, after a consonant that is not **n** or **l**, or at the end of a word), it is pronounced like the *th* in the English word *then*, for example *estudiante*. Listen and repeat the following words after the speaker.

1. dormitorio
2. residencial
3. ciudad
4. abogada
5. lavandería
6. destino
7. pared
8. aspiradora
9. dinero
10. anduve

ACTIVIDAD 2. Las dos pronunciaciones. Listen to the speaker read each sentence. First, underline the **d**'s that are pronounced like the *d* in English. Listen again and circle the **d**'s that are pronounced like the *th* in English.

1. Compré varios productos para la casa: una lavadora, una secadora y una licuadora.
2. El doctor me dijo que es importante comer comidas nutritivas.
3. Doble a la derecha y camine dos cuadras.
4. ¿Quieres ser dentista, programador, periodista o diseñador?
5. Te dormiste desde las diez.

COMPRENSIÓN

ACTIVIDAD 3. El día de la mudanza (*Moving day*). La familia Gómez viene a vivir en su nueva casa hoy. Los trabajadores de la compañía de mudanzas ponen los muebles, decoraciones y electrodomésticos dentro de la casa. Escucha mientras la señora Gómez les dice dónde poner cada cosa e indica en la tabla en qué cuarto va.

	baño	cocina	comedor	garaje	sala	sótano
la alfombra roja						
la aspiradora						
las cortinas azules						
las cortinas rojas						
el cuadro						
el espejo dorado						
la lámpara grande						
la lámpara pequeña						
el sillón grande						
el televisor portátil						

ACTIVIDAD 4. Casas en venta. Vas a escuchar tres anuncios para casas que están en venta. Para cada anuncio que oyes, busca el dibujo que mejor corresponda al anuncio e indícalo con el número del anuncio. Luego, escucha otra vez y completa la lista de detalles al lado del dibujo con la información del anuncio.

1. _____

Dormitorios — ¿cuántos?	
Baños — ¿cuántos?	
Sótano — ¿sí o no?	
Patio — ¿sí o no?	
Oficina — ¿sí o no?	
Garaje — ¿sí o no?	
Precio:	

Dormitorios — ¿cuántos?	
Baños — ¿cuántos?	
Sótano — ¿sí o no?	
Patio — ¿sí o no?	
Oficina — ¿sí o no?	
Garaje — ¿sí o no?	
Precio:	

2. _____

Dormitorios — ¿cuántos?	
Baños — ¿cuántos?	
Sótano — ¿sí o no?	
Patio — ¿sí o no?	
Oficina — ¿sí o no?	
Garaje — ¿sí o no?	
Precio:	

3. _____

ACTIVIDAD 5. Un empleado nuevo. El señor Rojas trabaja en un hotel grande. Hoy tiene un nuevo empleado y tiene que explicarle todo lo que tiene que hacer. Escucha su conversación con Luis, el nuevo empleado, y pon la siguiente lista de quehaceres en el orden correcto. **¡OJO!** No se mencionan todos los quehaceres de la lista.

_____   regar las plantas

_____   limpiar el baño del restaurante

_____   sacar la basura

_____   barrer la acera *(sidewalk)* enfrente del hotel

_____   trapear el piso en la recepción

_____   trapear las escaleras centrales

_____   sacudir los muebles en la recepción

_____   cortar el césped

_____   arreglar las revistas en la recepción

_____   hacer el reciclaje

ACTIVIDAD 6. ¡Qué desorden! Marta y Margarita van a ser compañeras en su nuevo apartamento y acaban de llegar allí. Ya tienen todas sus cosas en el apartamento, pero cuando empiezan a arreglar el apartamento, ven que todavía quedan unas cosas de las chicas que vivían allí antes. Escucha su conversación y luego indica a quién le pertenece cada artículo.

	de Marta	de Margarita	de Ana y Carmen
la plancha			
el abrelatas			
la secadora			
la aspiradora			
la licuadora			
la tostadora			
el microondas			
la radio			

ACTIVIDAD 7. ¿Cuánto tiempo hace? Escucha mientras varias personas comentan sobre las casas y los apartamentos donde vivían y los en que ahora viven. Luego, contesta las siguientes preguntas con una oración completa.

1. ¿Cuánto tiempo hace que Antonio vive en este barrio?

   _____

2. ¿Cuánto tiempo hace que José Luis no cambia de casa?

   _____

3. ¿Cuánto tiempo hace que María compró su casa?

   _____

4. ¿Cuánto tiempo hacía que Gustavo vivía con su esposa en el apartamento?

   _____

5. ¿Cuánto tiempo hacía que Mariluisa ahorraba (*saved*) dinero para comprar su casa?

   _____

CAPÍTULO 11

¿Qué quieres ver?

PRONUNCIACIÓN

ACTIVIDAD 1. *C y qu.* The [k] sound in Spanish can be written as a **c**, when it comes before the vowels **a**, **o**, and **u**; or as a **qu**, before the vowels **i** and **e**. (It is only written with a **k** in foreign or borrowed words.) The [k] sound is unaspirated in Spanish, meaning that no air is released in its pronunciation. Listen and repeat each word after the speaker. Try to imitate the unaspirated [k] sound.

1. comedia
2. casa
3. cuando
4. documental
5. cable
6. locutor
7. quiero
8. quizás
9. aquella
10. arquitectura
11. quien
12. Querétaro

ACTIVIDAD 2. Dictado. Listen for the [k] sounds in these sentences. Then listen again and write the sentences. Make sure you have the correct spelling of the [k] sounds.

1. _____
2. _____
3. _____
4. _____
5. _____

COMPRENSIÓN

ACTIVIDAD 3. ¿Qué son? Vas a escuchar un trozo (*piece*) de cinco películas o programas de televisión. Mientras escuchas, pon el número del trozo en la columna de la tabla que mejor corresponda. Luego, escribe uno de los siguientes detalles en la columna correspondiente.

Detalles: un aroma de rosas, un doctor y su paciente, el arte de la conversación, el inventor del cálculo, gente inocente

telenovela	película de acción	programa de concursos	película de ciencia ficción	telecomedia

ACTIVIDAD 4. ¡Citas para todos! Roberto acaba de llenar un formulario para inscribirse en un servicio de encuentros románticos, **¡Citas para todos!** Ahora tiene tres mensajes de mujeres que expresan interés en salir con él. Escucha los mensajes y mientras escuchas, subraya en el formulario de Roberto los intereses que tienen en común. Al final, decide cuál de las tres mujeres es la mejor cita para él.

1. **Irma**

> **Roberto Echevarría**
>
> Intereses
>
> cine: comedias románticas, documentales
>
> TV: teledramas, noticias
>
> música: pop, moderna, ópera
>
> arte: pintura y escultura, musicales
>
> deportes: golf, tenis, ir en bicicleta

2. **Juana**

> ### Roberto Echevarría
>
> Intereses
>
> cine: comedias románticas, documentales
>
> TV: teledramas, noticias
>
> música: pop, moderna, ópera
>
> arte: pintura y escultura, musicales
>
> deportes: golf, tenis, ir en bicicleta

3. **Beatriz**

> ### Roberto Echevarría
>
> Intereses
>
> cine: comedias románticas, documentales
>
> TV: teledramas, noticias
>
> música: pop, moderna, ópera
>
> arte: pintura y escultura, musicales
>
> deportes: golf, tenis, ir en bicicleta

La mujer ideal para Roberto es: _____

ACTIVIDAD 5. Haciendo planes. Patricia va a tener a muchos parientes en casa esta semana porque hay una reunión familiar en su ciudad. Escucha la conversación que tiene con su madre sobre sus planes y llena la siguiente tabla con la información indicada.

	Tío Pepe	Tío Luis	Tía Elena	Tía Juana	Sofía	Marcos
¿Viene?						
¿Dónde se queda?						

ACTIVIDAD 6. Un programa de opiniones. Estás escuchando un programa de opiniones en la radio. Varias personas llaman para dar sus opiniones sobre la música que acaban de escuchar. Completa los comentarios de las personas según lo que oyes.

1. Esteban: Es extraño que los críticos _____

_____.

2. Chela: Es obvio que el guitarrista _____

_____.

3. Diego: Es increíble que este grupo _____

_____.

4. Adela: Es una lástima que los oyentes de radio _____

_____.

ACTIVIDAD 7. ¡Al cine! Vas a escuchar una conversación entre Miguel y Guillermo. Hacen planes para ir al cine. Mientras escuchas, indica cuál de los dibujos mejor representa los detalles de sus planes. Luego, escucha otra vez y contesta las preguntas a continuación.

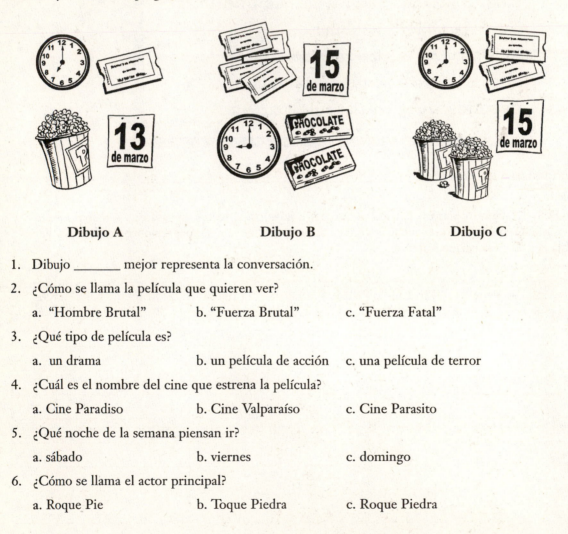

Dibujo A   **Dibujo B**   **Dibujo C**

1. Dibujo _____ mejor representa la conversación.

2. ¿Cómo se llama la película que quieren ver?

   a. "Hombre Brutal"   b. "Fuerza Brutal"   c. "Fuerza Fatal"

3. ¿Qué tipo de película es?

   a. un drama   b. un película de acción   c. una película de terror

4. ¿Cuál es el nombre del cine que estrena la película?

   a. Cine Paradiso   b. Cine Valparaíso   c. Cine Parasito

5. ¿Qué noche de la semana piensan ir?

   a. sábado   b. viernes   c. domingo

6. ¿Cómo se llama el actor principal?

   a. Roque Pie   b. Toque Piedra   c. Roque Piedra

CAPÍTULO 12

¿Qué síntomas tienes?

PRONUNCIACIÓN

ACTIVIDAD 1. Las consonantes *p* y *t*. Like the [k] sound in Spanish, the sounds [p] and [t] are not aspirated; that is, no air is released in their pronunciation. Listen and repeat each word after the speaker. Make sure you do not release any air as you pronounce the **p** and the **t**.

1. gripe

2. pecho

3. pie

4. pierna

5. pulmón

6. palpitar

7. tos

8. estómago

9. tobillo

10. torcido

11. temperatura

12. pastilla

ACTIVIDAD 2. Dictado. Write each sentence as you listen to the speaker.

1. _____
   _____

2. _____
   _____

3. _____
   _____

4. _____
   _____

5. _____
   _____

COMPRENSIÓN

ACTIVIDAD 3. ¿Qué tienen? Escucha los comentarios de los enfermeros. En el dibujo de cada persona, pon una X en las partes del cuerpo que le duelen a esa persona.

Nuria   Ricardo   Sr. Vélez

ACTIVIDAD 4. La línea de consejos. Marilena es una enfermera que trabaja en una línea de consejos para un hospital grande. Ella escucha los problemas de las personas que llaman por la noche y luego les sugiere remedios y otros consejos. Vas a oír cuatro llamadas y las respuestas de Marilena en cada caso. Para cada paciente, subraya el remedio que sugiere Marilena.

1. a. un jarabe con antibióticos

   b. un jarabe con aspirinas

   c. un jarabe con antihistaminas

2. a. unos antibióticos

   b. una inyección de antibióticos

   c. una inyección para la gripe

3. a. descansar unos días

   b. ir a ver al médico

   c. ir a la sala de emergencias

4. a. unas gotas para los ojos

   b. dormir y descansar

   c. una receta para los oídos

ACTIVIDAD 5. Los especialistas. Mientras escuchas las descripciones de los pacientes, mira los anuncios (páginas 273–274) de varios especialistas médicos. Para cada paciente, escoge el especialista que mejor le corresponde y escribe el nombre del paciente al lado de ese anuncio. Luego escucha otra vez y escribe el problema médico qué tiene cada persona.

1. Nombre: _____

Problema: _____

2. Nombre: _____

Problema: _____

3. Nombre: _____

Problema: _____

4. Nombre: _____

Problema: _____

A. _____

Hierbas naturales

¿Por qué tomar drogas y otros químicos cuando puede solucionar todos sus problemas médicos con tratamientos alternativos? Ofrecemos servicios de hierbas chinas, tratamientos naturopáticos y acupuntura. Ud. no necesita un médico... necesita un medicamento natural.

B. _____

Medicina pediátrica

Los niños necesitan atención médica diferente de la de los adultos. No haga que su primera visita a un médico sea una experiencia traumática... Cuidado médico de médicos cuidadosos.

C. _____

¿Estresado?
¿Problemas con el insomnio?
¿No puede relajarse?

No use farmacéuticos para un problema que no es una enfermedad. Nuestros tratamientos de masaje y meditación, junto con nuevas técnicas de respiración, le quitarán el estrés y lo sustituirán con un sentido de...
¡tranquilidad y descanso!

D. _____

¿Dolor crónico?

Ofrecemos servicios de terapia física y entrenamiento especializados para resolver problemas crónicos como los dolores de la espalda... de los hombros... y de las manos.

¡Los problemas musculares no siempre requieren un tratamiento farmacéutico!

Visítenos para saber más...

ACTIVIDAD 6. ¿Ocurrió o tal vez ocurrirá? Escucha la siguiente conversación e indica si los eventos a los que se refieren ocurrieron ya o si tal vez van a ocurrir en el futuro. Para cada actividad indicada, marca una **X** en la columna que corresponde.

	¿Ocurrió?	¿Tal vez ocurrirá?
1. una cita con el médico		
2. una visita a un especialista		
3. una radiografía		
4. un análisis de sangre		
5. un análisis de orina		
6. una inyección de cortisona		

ACTIVIDAD 7. ¿Qué harán? Escucha mientras hablan seis estudiantes que acaban de ver una película sobre los problemas médicos que puede causar la obesidad. Para cada persona que habla, busca su comentario sobre qué va a hacer en el futuro para evitar ese problema. Luego escribe oraciones completas según el modelo.

Modelo: Olivia: *c. comer menos pizza y más alimentos nutritivos*
    Olivia *comerá menos pizza y más alimentos nutritivos.*

a. ponerse a dieta inmediatamente

b. dejar de comer helados por la noche

c. comer menos pizza y más alimentos nutritivos

d. no cambiar nada

e. jugar más básquetbol

f. comprarse una bicicleta

1. _____
    Iris _____.

2. _____
    Lorenzo _____.

3. _____
    Daniel _____.

4. _____
    Berto _____.

5. _____
    Elvira _____.

¿Te gusta trabajar con la gente?

PRONUNCIACIÓN

ACTIVIDAD 1. Los diptongos. In Spanish, the vowels **i** and **u** are considered "weak," and the vowels **a, e,** and **o** are considered "strong." A diphthong occurs when two weak vowels succeed each other, as in the word **ciudad,** or when a strong and a weak vowel succeed each other, as in the word **gobierno.** Notice that the two vowels that comprise a diphthong are pronounced as one sound. Pronounce the following words that contain diphthongs after the speaker. Make sure you pronounce the diphthong as one sound and one syllable.

noticia
bienvenido
nacional
cuarenta
huelga
fui
cuota
aire
auto
deuda

ACTIVIDAD 2. Subraya el diptongo. Listen as the speaker pronounces each word. Underline the diphthong or diphthongs in each word.

1. mundial
2. formulario
3. puntual
4. tiempo
5. fuerzas
6. iniciar
7. violencia
8. consecuencias
9. presupuesto
10. aumento
11. competencia
12. septiembre
13. ecuatoriano
14. ciencia
15. beneficios

COMPRENSIÓN

ACTIVIDAD 3. En las noticias. Vas a escuchar cinco reportajes de noticias. ¿Qué describen? Escribe el número del reportaje al lado del desastre natural o la situación que mejor le corresponde.

_____ una manifestación   _____ una inundación

_____ un terremoto   _____ un crimen

_____ una guerra   _____ un huracán

ACTIVIDAD 4. En la agencia de empleos. Primero lee el anuncio a continuación. Luego escucha las descripciones cortas de tres candidatos para ese puesto. Mientras escuchas, marca en la tabla (pagina 279) si los candidatos tienen los requisitos del anuncio. Después de escuchar todas las descripciones, escribe el nombre del (de la) mejor candidato(a) debajo del anuncio.

Buscamos vendedores de productos naturales.

- Trabajar con el público
- Viajar a otras ciudades en su propio coche
- Ganar más de $6.000 al mes, tiempo completo
- Posibilidad de ascenso después de seis meses
- Todos los beneficios típicos, incluso seguro médico

Pedimos:
- Tres años de experiencia en ventas
- Conocimientos de comida y medicinas naturales
- Personas puntuales y responsables que se llevan bien con la gente
- La habilidad de organizar su tiempo y trabajar independientemente

---

	Marcos Sásnchez	Marianela Santiago	Margarita Silvano
tres años de experiencia en ventas			
conocimientos de comida y medicinas naturales			
puntual			
responsable			
llevarse bien con la gente			
carro			
trabajar independientemente			

El (La) mejor candidato(a) para el puesto es: _____

ACTIVIDAD 5. El líder de la manifestación. Escucha los comentarios del líder de una manifestación en el centro de la ciudad. Él tiene una lista de cinco demandas para el gobernador del estado. Mientras escuchas, mira el dibujo y escribe el número de la demanda en la parte del dibujo que le corresponde.

ACTIVIDAD 6. En la oficina. El jefe ha grabado (*has taped*) secretamente los comentarios de sus empleados mientras almuerzan en la cafetería de la compañía y ahora está escuchando los comentarios de la cinta. Primero, mientras escuchas, haz conexiones entre las frases de la izquierda y las de la derecha. Luego completa las oraciones según el modelo.

Modelo: el aumento de sueldo
                 c. no cambiar durante tres años
                 El aumento de sueldo <u>*no ha cambiado durante tres años*</u>.

_____ 1. el aumento de sueldo   a. ser despedidos de sus trabajos previos

_____ 2. la recepcionista   b. tener acceso a todos los informes privados

_____ 3. los beneficios   c. no cambiar durante tres años

_____ 4. los candidatos   d. no ser idea del jefe

_____ 5. la competencia   e. ser más pequeños cada año

_____ 6. el contrato nuevo   f. recibir un ascenso por ser la sobrina del jefe

1. La recepcionista _____

     _____.

2. Los beneficios _____

     _____.

3. Los candidatos _____

     _____.

4. La competencia _____

     _____.

5. El contrato nuevo _____

     _____.

ACTIVIDAD 7. Los candidatos políticos. Escucha los discursos de dos candidatos al puesto de alcalde (*mayor*). Primero, pon un círculo alrededor de las actividades que cada candidato dice que ha hecho, según su propio discurso. Luego escucha otra vez y subraya (*underline*) las cosas que el candidato ha hecho, según lo que dice su oponente. Luego, escribe dos oraciones diciendo dos o tres cosas que han hecho los dos candidatos.

Candidato 1:   Roberto Cariñoso

- mejorar la calidad de vida en la ciudad

- aceptar donaciones ilegales de compañías multinacionales

- apoyar (*to support*) a las empresas multinacionales

- bajar el número de crímenes en la ciudad

- emplear a parientes para puestos en el gobierno

- apoyar a las industrias locales

- construir más calles y mejorar la calidad de las calles ya existentes

- preparar un presupuesto con más fondos para los parques y las bibliotecas

- corromper (*corrupt*) el proceso electoral con pagos ilegales a los votantes

Candidata 2: Ana María Bonachona

- bajar los costos en las oficinas del gobierno

- comprar acciones (*stock*) ilegalmente en la bolsa de valores

- bajar los estándares de calidad del aire para ayudar a las fábricas que causan contaminación del aire

- iniciar muchos programas nuevos que cuestan mucho y no muestran resultados

- luchar contra la discriminación

- mejorar la economía de la ciudad y de la región

- usar fondos dedicados a los desastres naturales para comprarse un coche oficial

- limpiar las calles del centro de la ciudad todos los días

1. El señor Cariñoso _____

   _____

   _____

   _____.

2. La señora Bonachona _____

   _____

   _____

   _____.

CAPÍTULO 14

¿Te gustaría ir conmigo?

PRONUNCIACIÓN

ACTIVIDAD 1. ¿Diptongo o no? In Chapter 13, you learned about the formation of diphthongs—when two weak vowels succeed each other, or a strong and a weak vowel succeed each other. In those cases, the diphthong is pronounced as one sound. However, when an accent is placed on the weak vowel in a strong-weak vowel combination, the diphthong is eliminated and the vowels are pronounced independently, as in the word **economía.** You should also notice that when two strong vowels succeed each other, they never form a diphthong. They are pronounced separately and form two syllables: for example, notice the strong **e** and the strong **a** in **teatro.** Repeat the following words after the speaker. Notice the dissolved diphthong in the first six words and the presence of two strong vowels next to each other in the following six.

Dissolved diphthong:	**Two strong vowels next to each other:**
compañía	realmente
economía	empleado
gradúa	traer
actúa	impermeable
frío	mercadeo
desafío	correo

ACTIVIDAD 2. Las categorías. Listen as the speaker reads a list of words. Decide whether each word belongs under the category of Regular Diphthong, Dissolved Diphthong, or Two Strong Vowels. Write each word in the correct category. Then, in the Regular Diphthong category, underline the diphthong in each word. In the Dissolved Diphthong category, put the accent on the correct weak vowel. In the Two Strong Vowels category, separate the word into syllables. See the model.

Modelo:

Regular Diphthong	**Dissolved Diphthong**	**Two Strong Vowels**
agenc<u>ia</u>	río	o - es - te
_____	_____	_____
_____	_____	_____
_____	_____	_____
_____	_____	_____
_____	_____	_____
_____	_____	_____

COMPRENSIÓN

ACTIVIDAD 3. ¿Quién habla? Escucha los comentarios de varias personas relacionados con los viajes. Para cada comentario escribe la profesión de la persona que habla.

Posibles profesiones: el (la) agente de viajes, un(a) asistente de vuelo, el botones, el (la) huésped(a) de un hotel, el (la) pasajero(a) de clase turista, el (la) pasajero(a) de primera clase, el (la) piloto de un avión, el (la) recepcionista de un hotel

1. _____   4. _____

2. _____   5. _____

3. _____   6. _____

ACTIVIDAD 4. En el aeropuerto. Vas a oír varios anuncios en el aeropuerto. Lee las oraciones a continuación. Mientras escuchas, escribe el número de cada anuncio al lado de la persona a la que describe. **¡OJO!** No todas las personas tienen un anuncio que les corresponde.

_____ Daniel tiene que ir al mostrador de la línea aérea Argentur.

_____ Susana está en el aeropuerto para recoger *(to pick up)* a sus padres, que llegan de Buenos Aires en un vuelo de Argentur.

_____ Esteban y Beti necesitan pasar por la aduana.

_____ Antonio no puede encontrar a sus amigos que deben llegar en un vuelo de Santiago a las siete.

_____ Olgalucía y Ángela esperan abordar el vuelo 225 para Buenos Aires.

_____ Carmen acaba de llegar de Lima y necesita recoger sus maletas.

_____ Luis perdió una maleta y no la puede encontrar.

ACTIVIDAD 5. Destinos turísticos. Lee las siguientes descripciones de seis personas. Luego vas a oír tres anuncios en la radio sobre vacaciones posibles. Indica qué viaje le corresponde mejor a cuál de las seis personas. **¡OJO!** Va a haber tres personas a quienes no les corresponde ningún anuncio.

_____ Rebeca quiere ir a un sitio tropical, bonito y muy tranquilo. Necesita descansar y dormir mucho y tal vez tomar un poco de sol.

_____ A Roberto le gustan la naturaleza y la historia. Le gusta caminar, mirar los pájaros y también ver ruinas históricas.

_____ A Lorena le interesan mucho la naturaleza y la flora y fauna exótica. No le molestan los climas calientes.

_____ A Alberto le gusta nadar, remar y pescar. También le gusta navegar en rápidos. Le encantan la naturaleza y la tranquilidad.

_____ A Teresa le gusta hacer surfing, nadar y jugar volibol en la playa. Es muy sociable y le gusta mucho participar en actividades organizadas para grupos.

_____ A Humberto le gusta hacer alpinismo y participar en los deportes activos. Le interesan mucho los fenómenos naturales, como los desiertos, los baños termales y las erupciones volcánicas.

ACTIVIDAD 6. Haciendo reservaciones. Vas a escuchar cinco conversaciones telefónicas. En cada caso, el huésped quiere algún servicio u otra cosa que no está disponible. Escucha las conversaciones y completa las oraciones, indicando qué sería necesario para que el cliente aceptara la habitación.

1. Si la habitación _____, el señor Maldonado haría una reservación.

2. Si el hotel _____, la señora Olivares haría una reservación.

3. Si la piscina _____, los señores Beltrán harían una reservación.

4. Si la habitación _____, el señor Echevarría haría una reservación.

5. Si el restaurante del hotel _____, el señor Vélez haría una reservación.

ACTIVIDAD 7. Reseñas de hoteles. Vas a esuchar un programa de radio en el que un crítico evalúa los distintos hoteles en la ciudad de Buenos Aires. Mientras escuchas, pon un (+) al lado de los hoteles que le gustan, una (X) al lado de los que no le gustan, y un (—) al lado de los que tienen una reseña mixta. También indica cuál de los comentarios indicados mejor describe cada hotel.

_____ 1. **Hotel Bonaerense**

Tiene _____.

a. conexión a Internet

b. desayuno continental gratis

c. localización mala

_____ 2. **Hotel Buenaventura**

Acepta _____.

a. perros en las habitaciones

b. tarjetas de crédito

c. reservaciones al último momento

_____ 3. **Hotel Cónfort**

Tiene _____.

a. habitaciones grandes

b. televisión por cable

c. secadores de pelo en los baños

_____ 4. **Hotel Central**

Tiene _____.

a. una localización buenísima

b. servicio de lavado en seco gratis

c. un conserje muy simpático

_____ 5. **Hotel Colón**

Es _____.

a. una experiencia fantástica

b. una experiencia horrible

c. un hotel estadounidense

_____ 6. **Hotel Normal**

Ofrece _____.

a. sevicio excelente

b. servicio horrible

c. servicio normal